rowohlts
monographien
herausgegeben
von
Kurt und Beate Kusenberg

Thomas Alva Edison

in Selbstzeugnissen
und Bilddokumenten
dargestellt von
Fritz Vögtle

Rowohlt

Dieser Band wurde eigens für «rowohlts monographien» geschrieben
Den Anhang besorgte der Autor
Herausgeber: Kurt und Beate Kusenberg
Assistenz: Erika Ahlers
Umschlagentwurf: Werner Rebhuhn
Vorderseite: Edison mit einem Vorläufer des Filmprojektors (aus der Zeit um 1900) in der Bibliothek seines Laboratoriums in West Orange (Archiv National Park Service, Washington, D.C.)
Rückseite: Der nach Edisons Skizzen (oben) 1877 von John Kruesi gefertigte erste Zinnfolien-Phonograph, Vorläufer des Schallplattengeräts

Veröffentlicht im Rowohlt Taschenbuch Verlag GmbH,
Reinbek bei Hamburg, Mai 1982

Satz Times (Linotron 404)
Gesamtherstellung Clausen & Bosse, Leck
Printed in Germany
780-ISBN 3 499 50305 0

Inhalt

Edison im Alter von 78 Jahren

Einleitung

Edison als Symbol für Erfindungsgeist und technischen Fortschritt

Thomas Alva Edison[1]* ist heute aus zwei gegensätzlichen Gründen von besonderem Interesse: Nach einem «Fortschritt-gläubigen» Jahrhundert mit der Verherrlichung technischer Geräte, die das Leben angenehmer machen, erscheint sein in etwa 2000 Patenten niedergelegtes, atemberaubendes Werk[2] in unserer Zeit zunehmender Kritik an Naturwissenschaft, Technik und Industrialisierung[3,4] in einem fast zwiespältigen Licht.

Jedoch zeigt sich auch hier, wie differenziert abwägend man bei der Urteilsfindung vorzugehen hat: Die Schwerpunkte von Edisons Forschungsarbeiten lagen auf Gebieten, die gerade heute von allerhöchstem Interesse sind: Energiebereich (Glühlampe, Elektrizitätswerke, Akkumulator), Rohstoffbereich (Gummi-, Eisen-Gewinnung aus heimischen Quellen niedrigen Gehalts), Kommunikation, Medienbereich (Telegraphie, Schallplattenspieler, Filmkamera). Angesichts unserer Energie-, Rohstoff- und Umweltprobleme ist der Ruf nach einem technischen «Zauberer», der für unlösbar erscheinende Probleme immer wieder elegante Auswege findet, verständlich: «Wo bist du, Edison, jetzt wo wir dich brauchen?»[5]

Lohnt sich die Beschäftigung mit dem Phänomen Edison, über das inzwischen mehr als ein Dutzend ausführliche Biographien[6], meist im Romanstil, eine Unzahl von mehr oder weniger enthusiastischen Artikeln und Anzeigen in Zeitschriften[7], besonders 1979 zum hundertjährigen Geburtstag der Glühlampe, Fernsehsendungen[8] und sogar eine Schlager-Schallplatte[9] erschienen sind? Hätten wir Menschen mit der Erfindungsgabe[10] und der Initiative Edisons vielleicht gar nicht gebraucht? Was haben uns jene Pioniere der Wissenschaft und Technik wie seine Zeitgenossen Bell, Westinghouse, Ford und Siemens wirklich gebracht außer der «Verbequemlichung des zivilisierten Lebens»[11]? Verdanken wir ihnen unser Überleben, unseren Reichtum oder sind sie für Zivilisations- und Umweltschäden und die «innere Traurigkeit»[12] vieler Zeitgenossen mitverantwortlich? Wurde hier ein zweifelhafter «Fortschritt um jeden Preis» angestrebt, dessen Grenzen wir heute im Lichte der Gefährdung

* Die hochgestellten Ziffern verweisen auf die Anmerkungen S. 141

der Natur, der Arbeitsplatzhumanität, der Superwaffen zu erkennen glauben?[13]

Ohne diese Zusammenhänge zwischen dem Fortschritt und den Menschen, die ihn vorrangig vorangetrieben haben, zu kennen, kann heute weder Edison noch die mit ihm verbundene technische Revolution verstanden und beurteilt werden. Um Fragen wie die aufgeworfenen beantworten zu können, müssen wir wissen, wie die Situation, das Umfeld zu Zeiten Edisons war, welche Persönlichkeit er war, was er geschaffen hat und wie sich dies auf seine und unsere Zeit ausgewirkt hat.

Aufgabe dieser Biographie ist es, diese Zusammenhänge am Beispiel des Lebenswerks Edisons zu durchleuchten und anschließend zu versuchen, allgemeine Schlußfolgerungen zu ziehen. Der Zeitpunkt hierfür ist günstiger als ehedem: Im letzten Jahrzehnt sind mehrere umfangreiche Biographien über Edison erschienen, in denen neu zugängliche Quellen ausgewertet werden konnten. Eine Reihe früherer Legenden und Mythen über Edison sind inzwischen nüchtern zurechtgerückt und seine Eigenleistungen kritisch durchforstet worden.[5–8] Eine Trennung der Fakten von Erdichtetem, die auch schwerwiegende Fehler Edisons nicht verschweigt, erscheint daher heute eher denn je möglich. Ein interessantes Nebenergebnis solcher Bemühungen ist die Erkenntnis über das Ausmaß, in welchem Edison auch in der industriellen Chemie Pionierarbeit geleistet hat.[14]

Vorfahren – Elternhaus

Thomas Alva Edison kam am frühen Morgen des 11. Februar 1847 in dem Dorf Milan am Huron River, zwölf Kilometer landeinwärts vom Eriesee, im Staat Ohio (USA) zur Welt. Er war das siebte und letzte Kind von Nancy, geb. Elliott, und Samuel Ogden Edison jr.

Die Mutter, schottisch-englischer und amerikanischer Abstammung, war zwar schmächtig, aber überdurchschnittlich intelligent, fromm und innerlich gefestigt; ihre Neigung zur Wissenschaft ist im Hinblick auf ihren später erfinderischen Sohn bemerkenswert. Samuel jr., gebürtiger Kanadier, damals Gastwirt und ein politischer Hitzkopf, hatte ihr in Vienna, Kanada, wo sie mit siebzehn Jahren als Lehrerin der neuerbauten Schule tätig war, den Hof gemacht. Ihr Vater, John Elliott, war Prediger in der Baptistenkirche, ihr Großvater Captain Ebenezer Elliott ein Veteran der Kontinental-Armee. Die Elliotts, nicht reich, aber religiös und gebildet, waren nach dem Unabhängigkeitskrieg (1775–83) von Connecticut nach Kanada gekommen. 1828 heirateten Nancy und Samuel jr. und zogen in ein Haus, das er eigenhändig gebaut hatte; hier wurden die ersten vier Kinder geboren.

Wegen seiner Beteiligung an einer Verschwörung gegen die Königlich-Kanadische Regierung hatte Sam vor den anrückenden Milizsoldaten zu Fuß aus Vienna fliehen müssen, während seine Frau und die Kinder William Pitt, Harriet Ann und Carlile in Ontario zurückblieben. Innerhalb von zweieinhalb Tagen legte er 120 Kilometer zurück und gelangte über den zugefrorenen St. Clair River auf die amerikanische Seite nach Port Huron.

Im Sommer 1838 ließ sich der Vater Thomas Alva Edisons zunächst allein in Milan, dem Durchzugsort für den von Osten nach Westen ziehenden Bevölkerungsstrom, nieder. Ein Kanal zum Huron River, der einen Schiffszugang zum Eriesee erschließen sollte, war gerade im Bau. Samuel Edison jr., ein Mann mit Geschäftssinn und Unternehmungsgeist, erkannte die damit verbundenen Möglichkeiten, und da er einige Erfahrungen im Holzhandel hatte, eröffnete er ein Bauholzgeschäft, in dem er Dachschindeln aus kanadischem Holz fertigte, das ihm von seinem amerikanischen Freund Captain Alva Bradley auf dem Schiffsweg geliefert wurde. Nach letzterem erhielt Thomas Alva Edison einen seiner Vornamen, den anderen von einem Bruder des Vaters.

Erst im Frühjahr 1839, nach Anlaufen der Holzfertigung mit Hilfe eini-

Die Mutter: Nancy Edison, geb. Elliott

Der Vater: Samuel Ogden Edison jr.

ger Arbeiter, konnte seine Frau Nancy mit den Kindern nachkommen. 1841 baute Samuel jr. – nun als Handelsmann mit einigem Erfolg – ein komfortables Fachwerkhaus mit sieben Räumen, von dem aus man das Huron-Kanalbecken einschließlich der Schindelfabrik überblicken konnte. Das Haus steht heute noch.

Die Vorfahren von Samuel Edison jr. – halb holländischer, halb englischer Abstammung – hatten sich mehr als 100 Jahre zuvor in der damaligen Kronkolonie New Jersey angesiedelt. Sie waren von robuster, rastloser Natur, eher kühn als besonnen. Der erste Edison auf dem amerikanischen Kontinent war John, der wahrscheinlich von Bauern und Müllern abstammte, die an der Zuidersee gelebt hatten. Eine niederländische verwitwete Edison soll zusammen mit ihrem Kind John im Jahre 1730 in Elizabethport, New Jersey, eingetroffen sein. John heiratete 1875 Sarah, die Tochter von Samuel Ogden. Erbe und Heirat machten ihn zu einem wohlhabenden Grundbesitzer. Als loyaler Anhänger des britischen Empire («Tory») mußte die Familie John Edisons über den Hudson River nach New York, damals noch auf königlichem Boden, flüchten. Als die britischen und hessischen Streitkräfte Washingtons Truppen geschlagen hatten, konnten die Edisons zurückkehren. 1777 geriet John Edison als Kundschafter der Truppen General Howes in Gefangenschaft. Wegen Hochverrats wurde er 1778 zum Tode durch Erhängen verurteilt, wovor ihn seine Frau jedoch auf Grund ihrer Beziehungen bewahren konnte; allerdings wurde der gesamte Besitz beschlagnahmt. Nach monatelangem Warten erhielten die Edisons etwas Land zugesprochen, ein kleines Stück öder nebliger Wildnis an der Ostküste der Fundy Bay in Neuschottland. Dank ihrer robusten Natur überlebten sie. Die zahlreichen Söhne und Enkel trugen Namen wie Samuel, David, Moses, Isaac.

1811 fuhren die Edisons mit Ochsengespannen über New York 1200 Kilometer weiter ins Land hinein bis zum Otter River am Eriesee, wo sie 600 Morgen Kiefernwald im Indianergebiet erhalten hatten, um als Pioniere Holz zur Verfrachtung nach England zu schlagen. In den zwanziger Jahren wuchs die «Edison-Niederlassung», die anfangs 35 Kilometer von Nachbarn entfernt lag, zu einer blühenden Dorfgemeinde mit Schulhaus, Baptistenkapelle und Gastwirtschaft an, die «Vienna» genannt wurde.

Samuel Edison, der älteste Sohn Johns, hatte sich 1812 als Captain im Krieg gegen die Vereinigten Staaten hervorgetan und starb mit 98 Jahren hochgeachtet; er galt als bärbeißig, dickköpfig und sogar als boshaft. Er hatte zweimal geheiratet und insgesamt dreizehn Kinder. Das sechste, Samuel Edison jr., Thomas Alva Edisons Vater, war bei der zweiten Heirat 21 Jahre alt.

Das Geburtshaus in Milan, Ohio

Kindheit und Jugend (1847–1863)

Al, wie Thomas Alva Edison genannt wurde, war ein zartes, kränkelndes Kind mit großen blauen Augen im runden Gesicht und blondem Haar. Sein Kopf war so ungewöhnlich groß, daß der Dorfdoktor annahm, er habe Gehirnentzündung. Seine Mutter Nancy war um so mehr um ihn besorgt, als 1841 Carlile mit sechs Jahren und bald darauf auch Samuel und Eliza im Säuglingsalter verstarben. Al galt bei den Nachbarn als schwierig, als Sorgenkind. Er war immer zu dummen Streichen aufgelegt und saß regelmäßig in der Klemme. Die väterliche Scheune brannte ab, weil er ein kleines Feuer entfacht hatte «nur um zu sehen, was es anrichten würde». Der ganze Ort hätte dabei in Flammen aufgehen können; der Vater Sam, jetzt Holz- und Futtermittelhändler, verprügelte ihn öffentlich auf dem Marktplatz.

Während Thomas Alva in späteren Jahren von seiner Mutter mit großer Zuneigung sprach, hat er kaum etwas Positives über seinen Vater gesagt, er hatte den Eindruck: *Mein Vater dachte, ich sei dumm, und ich meinte schon fast selbst, ich sei ein Dummkopf.*[15] Der Vater ließ umgekehrt keinen Zweifel daran, daß er seinen Sohn nicht verstehen könne: seine ewige Neugier, die vielen «albernen Fragen». Al war ein ernstes Kind, das aber nur selten weinte. Spielgefährten scheint er wenige gehabt zu haben; seine Geschwister Harriet Ann und Pitt waren viel älter, vierzehn und fünfzehn, und Marion heiratete, als Alva zwei Jahre alt war. Zu seinen frühesten Erinnerungen gehörten die Planwagen-Trecks, die durch Milan nach Westen, zu den Goldfeldern Kaliforniens, zogen.

Als er – etwa vom dritten Lebensjahr an – zum väterlichen Holzbetrieb laufen konnte, spielte er mit dem Holzabfall. Kaum hatte ihn die Mutter gelehrt, wie Gänse auf die Welt kommen, war das Kind verschwunden. Nach längerer Suche fand es der Vater in der Scheune des Nachbarn: «Er kauerte auf einem Nest, das er in der Scheune gemacht hatte, gefüllt mit Gänse- und Hühnereiern. Er saß doch tatsächlich auf den Eiern und versuchte sie auszubrüten!»[16]

Von seinem älteren Bruder Pitt schaute der Fünfjährige das Zeichnen und Malen ab. Skizzen von Zunftschildern der Läden am Marktplatz von Milan zeigen seine frühe visuelle Veranlagung. Seine Neugier brachte ihn jedoch immer wieder in Schwierigkeiten. Außer in den Kanal stürzte er in den Schacht des Getreidespeichers, worin er beinahe erstickt wäre. Seine Kusine Nancy sagte von ihm, daß er «meistens ein braves Kind» war, aber

Thomas Alva Edison als Vierjähriger

manchmal dickköpfig und eigensinnig, und daß sie ihn «oft verhaute, und zwar ordentlich»[17]. Seine Mutter hatte für denselben Zweck eine Birkenrute griffbereit, von der Edison später bestätigte, daß daran «die Rinde abgewetzt war»[18].

Von der Terrasse des Elternhauses aus konnte der Fünfjährige das bunte Treiben im Dorf übersehen, das einen der geschäftigsten Getreidehäfen des Landes hatte, Segelschiffe und Dampfer auf dem Kanal, die Schiffswerften, Mühle, Brauerei, Getreidespeicher, Gerberei, Hufschmiede und Hammerschmiede, die gesamte heimische Industrie einschließlich der Schindelmühle und des Holzlagers seines Vaters. Ohio und vor allem Milan, das als «Odessa» Amerikas bekannt wurde, erlebten einen ungestümen wirtschaftlichen Aufschwung, der den Jungen sicherlich mitprägte. Alles war in ständigem Wandel begriffen, die Zukunft bedeutete alles. Der «Kanalfimmel», der Drang, Wasserwege durch Kanäle zu ergänzen, um die Transportprobleme zu lösen, erreichte seinen Höhepunkt. Verständlich, denn als Alternative blieben nur die Ochsenkarren. Energiequelle war das Holz der Wälder, auch für die See- und Flußdampfer, später für die Eisenbahn.

Die Menschen lebten in einer Pionier-Gesellschaft, in der es mehr zu tun gab, als Hände zur Verfügung standen. Jede neue Methode, «die auf kürzerem Wege zu materiellem Wohlbefinden führt, jede Maschine, die Arbeitskraft einspart und Herstellungskosten verringert», erschien «als der großartigste Beweis menschlichen Geistes».[19]

Dieser rein praktischen, materialistischen Gesinnungsart, die unaufhaltsam zu besserem Leben und Fortschritt führen sollte, begegnete der kleine Alva auf Schritt und Tritt. Der Zwang zu harter Arbeit, der hohe Preis europäischer Güter und diese Gesinnung waren ein fruchtbarer Nährboden für praktische Erfahrungen. Das Erfinden wurde zur nationalen Gewohnheit. Schon 1851 erregten die Produkte der «Yankee-Erfinder» auf einer Industriemesse in London Aufsehen: Baumwollentkörnungsmaschinen, Nähmaschinen, Dampfschiff, Telegraph. Viele amerikanische Frauen benutzten neumodische Schneebesen, Apfelschälmesser und Wäschemangeln. Die von McCormick erfundene Mähmaschine wurde ebenso eingesetzt wie elektromagnetische Telegraphen.

Der kleine Edison erlebte also in unmittelbarer Nachbarschaft vielfältige technische Innovationen, darunter auch die folgenden, die seine eigene Entwicklung beeinflußt haben: Der die dörfliche dampfgetriebene Getreidemühle betreibende Yankee Sam Winchester («der verrückte Müller von Milan») beschäftigte sich damit, einen Passagierballon zu bauen. Obwohl das Wasserstoffgas die erste Getreidemühle in Brand gesteckt hatte, hob sich der Ballon mit Mr. Winchester einige Jahre später in Richtung Eriesee in die Lüfte – und ward nie mehr gesehen. Alva hatte diese geheimnisvollen Experimente in der Mühle verfolgt; er bezog von seinem Vater Prügel, weil er sich dort trotz aller Warnungen herumgetrieben hatte.

Die wirtschaftlich-technische Treibhausatmosphäre in Milan änderte sich jäh, als 1853 die Eisenbahnlinie und damit der Handelsverkehr das Dorf umging, weil dessen Stadtväter sich nichts davon versprochen hatten. Das nun wirtschaftlich ruinierte Milan wurde von einem Großteil der Bewohner verlassen, der wohlhabende Sam Edison wurde fast über Nacht ein armer Mann, Jedenfalls *schrumpfte* nach Edisons späteren Aussagen *das Familienvermögen plötzlich zusammen*[20]. Die Edisons zogen 1854 mit Zug, Kutsche und Raddampfer nach Port Huron in Michigan, das sich wegen der großen Wälder, Erz- und Salzvorkommen als zukünftige Hafenstadt im Aufschwung befand und gerade um 4000 Einwohner zählte.

Ein geräumiges Haus mit Blick auf den St. Clair River und den Huronsee wurde gemietet, man betrieb Holz-, Getreide- und Futterhandel. Eigenhändig errichtete Samuel Edison jr. einen dreißig Meter hohen hölzernen Aussichtsturm, auf dem Sohn Alva gegen 25 Cents Touristen durch ein altes Fernrohr schauen ließ.

Erst mit acht Jahren, 1855, nach einer schweren Scharlacherkrankung, trat Alva in die einklassige Schule von Port Huron ein. Der Schulleiter, Reverend G. B. Engle und seine Frau sollen mit den Schülern nicht zimperlich umgegangen sein. Edison später: *Ich kann mich erinnern, daß ich in der Schule nie zurechtkam. Ich war immer der letzte in der Klasse. Ich hatte immer das Gefühl, daß meine Lehrer mich nicht mochten und daß mein Vater meinte, ich sei dumm.*[21]

Als der Schulmeister ihn drei Monate nach Schuleintritt einen «Hohlkopf» nannte, rannte er nach Hause. Die verständnisvolle Mutter, die die Familie mit eiserner Arbeit, Kochen, Weben, Nähen, Häkeln über Wasser hielt, unterrichtete ihn von da an selbst zu Hause. Als derselbe Reverend Edison 30 Jahre später (1885) schriftlich um Geld bat, ließ ihm dieser, der die damalige Ausbildung *schauderhaft*[22] fand, 25 Dollar zukommen, ein Zeichen dafür, daß er gewiß nicht nachtragend war.

Die Mutter lehrte ihn außer Lesen, Schreiben und Rechnen *den Sinn des Lernens und erweckte in ihm die Liebe zum Lernen*; er hatte das Gefühl, daß *sie einfach seine Gegenwart liebte.*[23]

In der Überzeugung, daß ihr Sohn begabt war, las sie ihm gute literarische und historische Werke vor. Der Erfolg des gegenseitigen Vertrauens blieb nicht aus: Alva wurde mit neun Jahren ein eifriger Leser. Er lernte jedoch auf seine Weise: Von Rechtschreibung, Grammatik, Zeichensetzung schien er nicht viel zu halten; sie waren auch später noch katastrophal.

Nancy Edison fand bald die wahren Interessen ihres Sohnes heraus, als sie ihm R. G. Parkers «Schule der Naturphilosophie», eine Physikeinführung, in die Hände gab. Es war *das erste wissenschaftliche Buch, das ich als neunjähriger Junge gelesen habe, das erste, das ich verstehen konnte*[24]. Die beschriebenen Experimente vollzog er allesamt nach. Erst recht Feuer fing der Zehnjährige, als die Mutter ihm ein altes wissenschaftliches Lexikon kaufte. *Meine Mutter hat mich zu dem gemacht, was ich bin ... Sie verstand mich; sie ließ mich meinen Neigungen nachgehen.*[21]

Mit zehn Jahren steigerte er sich in eine jungenhafte Leidenschaft für Chemie hinein. Sein ganzes Taschengeld trug er zum Apotheker, um Chemikalien zu erstehen; sein Schlafzimmer war voll von Flaschen und Dosen. *Manchmal waren meine Mutter und ich verschiedener Meinung, besonders wenn ich beim Experimentieren alles beschmutzte.*[25] Als Zehnjähriger zog er mit seinem Laboratorium in eine Kellerecke um, wo er oft den ganzen Tag lang chemische und physikalische Versuche durchführte. Während der Vater eher die negativen Seiten sah: «Er wird uns noch alle in die Luft jagen!» [26], stand die Mutter hinter ihm: «Laß ihn nur, Al weiß schon, was er macht.»[26] Der Vater berichtete später: «Er verbrachte die meiste Zeit im Keller. Er machte überhaupt nicht bei den Spielen der Nachbarkinder mit. Er erlebte nie wie die anderen Jungen eine richtige Knabenzeit.»[27] Trotz des Dampfmaschinenspielzeugs war er ganz und gar ein Junge, den es noch mit vierzehn Jahren oft zu ausgelassenen Streichen zog: ... *und mein Vater ließ die Rute tüchtig um meine Beine sausen.*[28]

Mit Feuereifer arbeitete er, elfjährig, wie viele andere in dieser Zeit, an selbsthergestellten Telegraphenmodellen und übte das Morsealphabet: *Ich spannte einen Telegraphenmast zwischen unseren Häusern auf ... Der Draht war von der Art, wie man ihn zum Befestigen von herabhängen-*

den Ofenrohren benutzt. Die Isolierstoffe waren kleine Flaschen, aufgespießt auf Nägel, die ich in die Bäume geschlagen hatte. Es funktionierte prima.[29]

Um bessere Morsesender und -empfänger bauen zu können, brauchte der Elfjährige mehr Geld, als er von den verarmten Eltern erhalten konnte. An eine Schulausbildung war wegen der finanziellen Situation nicht zu denken.

Zusammen mit einem anderen Jungen legte Al eine Gärtnerei an; mittels eines gemieteten Pferdefuhrwerks wurden in der Stadt Zwiebeln, Salat, Krautköpfe und Erbsen verkauft. Die neue Eisenbahnlinie zog ihn jedoch noch stärker an; er erhielt einen Job als Zeitungsjunge, ohne Lohn, jedoch mit der Möglichkeit, an die Reisenden Süßwaren zu verkaufen. 1885 schrieb Edison, daß er damals *armselig angezogen war* und: *Da ich arm war, wußte ich bereits, daß Geld eine wertvolle Sache ist.*[30]

Jeden Morgen um 7 Uhr fuhr der Zug von Port Huron nach Detroit ab; der Zwölfjährige ging mit dem Ruf *Zeitungen, Äpfel, belegte Brötchen, Melasse, Erdnüsse* während der Fahrt durch die Wagen und kehrte um 21 Uhr 30 in der Dunkelheit nach Hause zurück, wo er seiner Mutter einen Dollar pro Tag abgab.

In Detroit mit seinen über 5000 Einwohnern schaute er sich in den verschiedenen Werkstätten um. Er war nun sein eigener Herr. *Die glücklichste Zeit meines Lebens war, als ich 12 Jahre alt war. Ich war gerade alt genug, um es mir in der Welt gutgehen zu lassen – aber noch nicht alt genug, um ihre Schwierigkeiten zu verstehen.*[31]

Um diese Zeit, 1861, richtete sich Alva im Gepäck- und Postwagen des Zuges mit Hilfe eingefaßter Regalbretter ein fahrbares Chemielabor ein, das erste dieser Art in der Welt. Nach einem Brand im folgenden Jahr wurden seine Laborutensilien *hinausbefördert*. Schon einige Jahre vor diesem Ereignis, mit etwa zwölf Jahren, spürte Alva seine beginnende Taubheit. Sie scheint auf die Nachwirkungen seiner Scharlacherkrankung zurückzugehen und sich durch einige nichtbehandelte Mittelohrentzündungen verschlimmert zu haben. Vielleicht spielte auch der Vorfall eine Rolle, als er eines Tages, mit Zeitungsbündeln bepackt, von einem Eisenbahner an den Ohren auf das Trittbrett des fahrenden Zuges gehievt wurde, wobei er ein Knacken im Kopf hörte. *Ich habe keinen Vogel mehr singen hören, seit ich 12 Jahre alt war.*[32] Als behinderter Junge aus einer armen Familie waren seine Aussichten nicht rosig. Alva resignierte jedoch nicht.

Trotzdem war der Gehörverlust ein Wendepunkt in seinem Leben. Während er bisher mit Büchern und Experimenten eher gespielt hatte, wurde er nun ernster und nachdenklich; er zog sich zurück. *Die Gehörlosigkeit brachte mich wahrscheinlich zum Lesen.*[33]

In der Detroiter öffentlichen Bibliothek fing er, fünfzehn Jahre alt, *mit dem ersten Buch auf dem untersten Regalbrett an und ging sie alle eines nach dem anderen durch ... Ich las die ganze Bibliothek.*[34] Von Victor Hugos Werken war er begeistert, Isaac Newtons Werk konnte er nicht verstehen: *Es flößte mir eine Abneigung gegen Mathematik ein, von der ich mich nie erholt habe.*[35]

Besser lagen ihm praxisnahe Experimentalbücher wie Karl Fresenius «Chemische Analyse» und Andrew Ures Abhandlung über praktische Mechanik «Arts, Manufactures, and Mines».[36]

Anfang 1862 entwickelte Alva Interesse für das Druckereiwesen und den Journalismus. Er kaufte eine kleine alte Druckerpresse und Druckplatten, lernte, wie man damit umging und druckte im Gepäckwagen seine eigene kleine Lokalzeitung, den «Weekly Herald», den er das Exemplar zu 8 Cents verkaufte. Es war die erste Zeitung der Welt, die in einem Eisenbahnwagen verlegt wurde. Fahrplanänderungen, Lokalnachrichten, Bekanntmachungen der Eisenbahn und anderes standen darin. Die vielen Rechtschreibfehler, der miserable Stil, die mangelhafte Zeichensetzung machten auch einem Fünfzehnjährigen keine Ehre. Als der junge Herausgeber Klatschgeschichten mit aufnahm, wurde er von einem Betroffenen in den St. Clair River gestoßen. Danach ließ sein Interesse am Zeitungmachen nach.

Nicht jedoch sein Geschäftssinn: *In meiner Isolierung hatte ich Zeit, die*

Die Lokomotive «Arab» der Grand-Trunk-Eisenbahn, auf der Edison als Junge arbeitete

T. A. Edison im Alter von vierzehn Jahren

Dinge zu überdenken.[35] Um den bescheidenen Absatz seiner Zeitung zu erhöhen, ließ er Schlagzeilen großer Ereignisse – etwa die blutige Schlacht bei Shiloh zwischen den Armeen Grants und Johnstons – telegraphisch an die nächsten Bahnhöfe übermitteln, bevor er dort mit seinen Zeitungsexemplaren ankam. Mit dieser Methode verdiente er die *sagenhafte Summe* von 100 bis 150 Dollar, die seine Mutter verwahrte.

Damals ging mir eigentlich auf, daß der Telegraph so ungefähr das Beste war, was es gab ... Ich beschloß auf der Stelle, Telegraphist zu werden.[37] Es kam hinzu, daß er merkte, *daß meine Taubheit mich nicht davon abhielt, das Klicken eines Telegraphen zu hören. Von Anfang an empfand ich Taubheit als Vorteil für einen Telegraphisten. Während ich das laute Ticken des Instruments mit Sicherheit hören konnte, konnte ich andererseits andere und vielleicht störende Geräusche nicht vernehmen.*[38]

Im Spätsommer 1862 rettete Alva den dreijährigen Sohn des Bahnhofvorstehers von Mt. Clemens, Mr. MacKenzie, vor einem heranrollenden Güterwagen, indem er ihn beherzt vom Gleis zog. Zum Dank versprach der Vater des Kindes, Alva Edison zum Telegraphisten auszubilden. Es ist bezeichnend, daß Alva zur ersten Unterrichtsstunde ein selbstgebasteltes Telegraphengerät mitbrachte. Nach fünf Monaten strenger Lehre in Mt. Clemens hatte er die Kenntnisse eines Hilfstelegraphisten oder «Stöpsels», das heißt, er wußte, wie Nachrichten übermittelt und welche Signale benutzt werden. Ein richtiger Telegraphist konnte damals allerdings eine höhere Geschwindigkeit von beispielsweise 45 Worten pro Minute erreichen. Aber auch so fand der junge Edison fast überall Arbeit, denn dieser Berufszweig war zur Zeit des Bürgerkriegs gesucht. Wie andere junge Telegraphisten machte er sich nun auf die Reise.

Ausschnitt aus der Zeitung «Weekly Herald» vom 3. Februar 1862, die der fünfzehnjährige Edison im Gepäckwagen der Grand-Trunk-Eisenbahn druckte

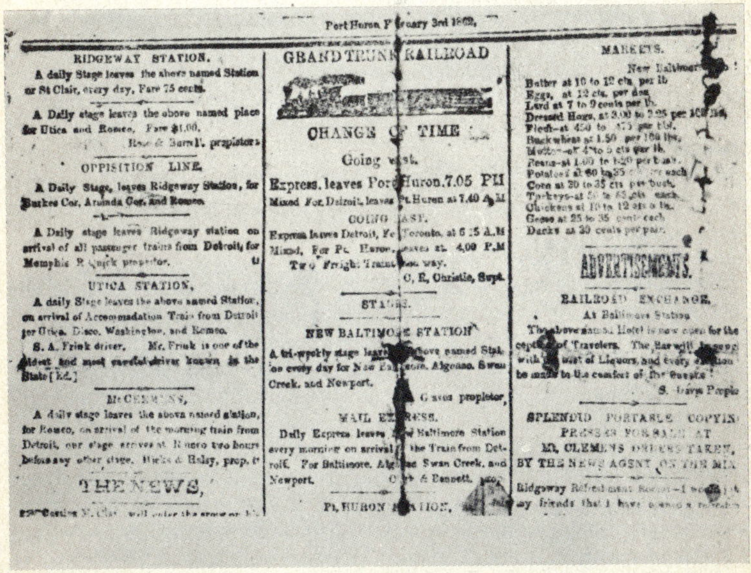

Port Huron F[illegible]ruary 3rd 1862,

RIDGEWAY STATION.

A daily Stage leaves the above named Station for St Clair, every day, Fare 75 cents.

A Daily stage leaves the above named place for Utica and Romeo, Fare $1.00.

[illegible] & Barrell, proprietors.

OPPISITION LINE.

A Daily Stage, leaves Ridgeway Station, for Burkes Cor, Armada Cor, and Romeo.

A Daily stage leaves Ridgeway station on arrival of all passenger trains from Detroit, for Memphis [illegible] proprietor.

UTICA STATION,

A daily Stage leaves the above named Station, on arrival of Accommodation Train from Detroit for Utica, Disco, Washington, and Romeo.

S. A. Frink driver, Mr. Frink is one of the oldest and most careful driver known in the State [Ed.]

M[illegible]

A daily stage leaves the above named station, for Romeo, on arrival of the morning train from Detroit, our stage arrives at Romeo two hours before any other stage. [illegible] & Haley, prop. [illegible]

THE NEWS,

[illegible]

GRAND TRUNK RAILROAD

CHANGE OF TIME

Going west.

Express, leaves Port Huron 7.05 PM

Mixed For Detroit, leaves Pt. Huron at 7.40 AM

GOING EAST.

Express leaves Detroit, For Toronto, at 6.15 A.M

Mixed, For Pt. Huron, leaves at 4.00 P.M

Two Freight Trains [illegible] way.

C. R. Christie, Supt.

STAGES.

NEW BALTIMORE STATION

A tri-weekly stage leaves [illegible] above named Station every day for New [illegible], Algonac, Swan Creek, and Newport.

[illegible] proprietor,

MAIL EXPRESS.

Daily Express leaves New Baltimore Station every morning on arrival [illegible] the Train from Detroit. For Baltimore, Algonac Swan Creek, and Newport.

[illegible] & Bennett, prop.

Pt. HURON [illegible]

MARKETS.

New Baltimore [illegible]

Butter at 10 to 12 cts per lb

Eggs, at 12 cts. per doz

Lard at 7 to 9 cents per lb.

Dressed Hogs, at 3.00 to 3.25 per 100 lbs.

Flour at [illegible] per [illegible]

Buckwheat at 1.50 per 100 lbs.

Mutton at 4 to 5 cts per lb.

Beans at 1.00 to 1.50 per bush.

Potatoes at 60 to 35 [illegible] each

Corn at 30 to 35 cts per bush.

Turkeys at [illegible] each

Chickens at 10 to 12 cts a lb.

Geese at 25 to 35 cents each

Ducks at 30 cents per pair.

ADVERTISEMENTS.

RAILROAD EXCHANGE,

At Baltimore Station

The above named Hotel is now open for the accommodation of Travelers. The Bar will be supplied with the best of Liquors, and every attention be made to the comfort of the People.

S. [illegible] People

SPLENDID PORTABLE COPYING PRESSES FOR SALE AT MT. CLEMENS ORDERS TAKEN, BY THE NEWS AGENT ON THE MIX[illegible]

Ridgeway Refreshment Rooms — I would [illegible] my friends that I have [illegible]

Wanderjahre und erste Erfindungen (1863–1868)

Es waren *qualvolle Jahre* eines Nomadenlebens, die den Sechzehnjährigen, laufend die Stelle wechselnd, viele tausend Kilometer durch den Mittelwesten, den Süden und Osten Nordamerikas führten. Erste Station war das neue Telegraphenbüro im Juweliergeschäft und Buchladen von Thomas Walker in Port Huron, wo Tom Edison nur 20 Dollar im Monat verdiente. Wenn nichts zu tun war, las er alte Hefte des «Scientific American»[39] und bastelte an elektrischen Schaltungen. Das Kombinationstalent des jungen Edison kam im Winter 1864 zum Vorschein, als das Telegraphenkabel zwischen Port Huron und der kanadischen Seite durch Eisschollen unterbrochen wurde. Er ließ einen Lokführer mit einer Lokpfeife Signale im Morsekode geben. Dieser Einfall verhalf ihm zu lokalem Ruhm und zu seiner nächsten Stelle als Bahntelegraphist bei der Grand-Trunk-Eisenbahn in Stratford Junction, etwa 50 Kilometer von Port Huron entfernt.

In der Nachtschicht von 19 Uhr bis 7 Uhr morgens gewöhnte sich Tom, da er auch tagsüber kaum schlief, kurze «Nickerchen» an, eine Gewohnheit, die er sein Leben lang beibehalten sollte. Die zur Kontrolle zu bestimmten Zeiten an das Büro des Hauptdienstleiters durchzugebenden telegraphischen Signale ließ er, während er schlief, von einer selbstgebastelten Vorrichtung mit Uhrwerk auslösen. Es dauerte nicht lange, bis er erwischt und gerügt wurde.

Bald war er wieder in Schwierigkeiten: Ein Beinahe-Zusammenstoß zweier Züge wurde seiner mutmaßlichen Nachlässigkeit im Nachtdienst zugeschrieben. Vor der drohenden Gefängnisstrafe floh der siebzehnjährige Edison in die USA.

Viermal hatte er 1864 Arbeitsplatz und Stadt gewechselt: Adrian (Michigan), Fort Wayne, Indianapolis, Cincinnati, meist entlassen wegen mangelnder Arbeitsdisziplin und Vernachlässigung der Pflichten. Weiterzuleitende Meldungen blieben in der Tat stundenlang liegen, während er an Entwürfen zeichnete oder Bücher las. Nachrichtenaufnahmen unterbrach er häufig, um Einfälle in sein Notizbuch einzutragen. Man ärgerte sich auch über sein ständiges Herumhantieren mit Metallteilen, Drähten, Zangen und anderen Utensilien, mit denen er seine Taschen vollgestopft hatte. Die von ihm gemieteten, oft verwanzten Hintertreppenzimmer waren eine Mischung von Labor, Werkstatt und Bibliothek, wofür er abgesehen von armseligen Mahlzeiten und Darlehen oder Geschenken an seine

Wanderkameraden alles Geld ausgab. Eine Stunde nach Lohnempfang mußte er sich oft schon wieder Geld leihen. Die Leidenschaft, etwas zu konstruieren, zu ersinnen, zu entdecken, brach durch.

Mit siebzehneinhalb Jahren dachte sich Edison bei seiner Arbeit in Indianapolis ein «Repetiergerät» aus: *Ich holte mir zwei alte Morseschreiber und stellte sie so auf, daß die Punkte und Striche auf einem zwischen ihnen angebrachten Papierstreifen von einem Gerät so schnell geschrieben wurden, wie sie durchkamen ... und uns mit Hilfe des zweiten Apparates in jeder beliebigen Geschwindigkeit wiedergegeben wurden. Die Telegramme kamen in einem Tempo von 50 Wörtern pro Minute herein, und wir leierten sie mit 25 Wörtern pro Minute wieder hinaus. Darauf waren wir nicht wenig stolz. Unsere Niederschrift war so sauber und schön, daß wir sie zur allgemeinen Ansicht aufhängten. Als der Chef hereinkam, starrte er sie verdutzt und ohne etwas zu sagen an ... Er konnte es nicht begreifen, auch die anderen Telegraphisten nicht, denn wenn unsere Arbeit getan war, zogen wir mit meinem improvisierten automatischen Aufnahmegerät wieder ab und versteckten es.*[40] Der Nachteil lag darin, daß der «Duplizierschreiber» bei Belastungsspitzen in stundenlangen Verzug kam; er wurde verboten.

Im Western-Union-Büro in Cincinnati, wohin es ihn 1865 verschlagen hatte, gab Edison, inzwischen ein überlegener Presse-Telegraphist mit 105 Dollar Lohn im Nachtdienst, eine erste bescheidene Kostprobe seines Erfindungswillens auf einem nicht zur Telegraphie gehörenden Gebiet, er bastelte ein «Rattenlähmungsgerät». Trat eines der das Büro in Scharen heimsuchenden Tierchen auf zwei getrennte, unter Strom stehende Metallplatten, gab es seinen Geist auf. In Cincinnati gönnte er sich auch mit einigen Freunden hin und wieder ein bescheidenes Vergnügen wie Café- und Theater-Besuche.

In Memphis, Tennessee, wohin er über eine Stelle in Nashville gelangt war, ließ sich Edison nicht davon abhalten, seinen Duplizierschreiber wieder aufzubauen. Prompt stand er wieder auf der Straße: «Er benutzte sein Geld, um Apparate und Bücher zu besorgen, statt davon Kleidung zu kaufen. In diesem Winter lief er ohne Mantel herum und erfror beinahe.»[41] Erschöpft und krank fand er auf Grund seiner Fertigkeiten im Telegraphenamt in Louisville Arbeit. Der über ein Jahr dauernde Aufenthalt Edisons in Louisville gab dem «Tramp-Telegraphisten» wenigstens äußerlich mehr Ruhe. Hierzu trugen Bekanntschaften mit gebildeten Männern bei, die durch den Umgang mit Pressetelegrammen zustandekamen, wie dem Chef des Associated Press-Büros sowie George D. Prentice, Herausgeber des «Courier» und gefeierter Journalist.

Edison war wie besessen von den Geheimnissen der elektrischen Kraft, welche die Telegraphie ermöglichte. Er arbeitete fieberhaft an Plänen über elektrische Schaltungen. In dieser Zeit versuchte er auch, Fremdsprachen, wie zum Beispiel Französisch, zu lernen und begann, sich eine ungewöhnliche schnörkelfreie Handschrift anzueignen, eine Art Druckschrift, mit der er Telegramme rasch und leserlich aufnehmen konnte. Seinem vorwärts drängenden Ehrgeiz stand jedoch die manchmal aussichtslos erscheinende praktische Situation entgegen: er hatte weder genügend Geld noch Zeit zum Erfinden.

In dieser Situation erlag Edison der Versuchung, sein Glück im weit entfernten Südamerika zu versuchen. Eine Gruppe von Südstaatlern überredete ihn, beim Aufbau eines Telegraphenamtes im brasilianischen Urwald mitzumachen. Leichtfertig sagte Edison zu, fing an, mit Hilfe eines Spanisch-Englisch-Wörterbuches Spanisch zu lernen und verabschiedete sich in Port Huron von den entsetzten Eltern. Glücklicherweise ließ er sich, mit dem Dampfschiff in New Orleans angekommen, durch einen Eingeweihten von dem Abenteuer abbringen, das für seine Freunde in Mexiko durch Gelbfieber tödlich endete.

Nach einigen Monaten am alten Arbeitsplatz landete Edison im Spätherbst 1867 im Elternhaus in Port Huron, ausgehungert und ohne einen Cent – eine traurige Heimkehr. Die geliebte Mutter war vor Kummer gealtert und krank, mit Anzeichen geistiger Umnachtung, wie Nachbarn festzustellen glaubten. Der unstete Vater suchte außer Hause Zuflucht. Ein früherer Freund vermittelte Tom an das Western-Union-Büro in Boston, das damals kultureller und wirtschaftlicher Mittelpunkt Amerikas war, die Heimat vieler amerikanischer Erfinder und Möchtegern-Erfinder. Die 1600 Kilometer lange Winterreise legte Edison mit einer Freikarte der Eisenbahngesellschaft zurück, die er sich durch die Reparatur eines defekten Kabels verdient hatte. Der Bostoner Western-Union-Direktor George Milliken teilte Edison nach kurzem Gespräch zur anschließenden Nachtschicht ein, obwohl dieser ungepflegt wie ein Bauerntölpel aus dem wilden Westen aussah: *Meine seltsame Erscheinung rief große Heiterkeit hervor.*[42]

Die nächtliche Arbeit am Telegraphen war eine unangenehme Pflicht, tagsüber wurde gelesen und experimentiert. Er kaufte Michael Faradays zweibändiges Werk «Experimentelle Forschung auf dem Gebiet der Elektrizität», das ihn faszinierte und dessen Studium als ein bedeutendes Ereignis in seinem Leben angesehen werden muß. *Seine Erklärungen waren einfach.*[43] Der weltberühmte Faraday war gerade im Jahr zuvor verstorben. Er war arm gewesen und hatte sich alle Kenntnisse ohne Schulbildung selbst angeeignet. Edison bewunderte Faradays Selbstlosigkeit, die Gleichgültigkeit gegenüber Geld und Titeln: *Ich bin jetzt einundzwanzig. Vielleicht werde ich fünfzig Jahre alt. Kann ich soviel erreichen wie er? Ich habe so viel zu tun, und das Leben ist so kurz. Ich muß mich beeilen!*[44]

In der Werkstatt für elektrische Geräte von Charles Williams jun. hatte sich Edison bald eine Experimentierecke eingerichtet. Dort arbeitete er unter anderem die ein Jahr zuvor beschriebenen Versuche des schwedischen Chemikers Alfred Nobel, das unberechenbare Sprengöl Nitroglycerin in weniger gefährliche Explosionsstoffe zu verwandeln, begeistert nach: *... aber das Ergebnis war derart furchtbar und unerwartet, daß wir es mit der Angst zu tun bekamen ...*[45]

Im Juni 1868 veröffentlichte das «Journal of Telegraph» einen Aufsatz von M. F. Adams über «Mr. Thomas A. Edison ... und seine Erfindung der Übertragungsweise in beiden Richtungen auf einer einzigen Leitung

... die interessant, unkompliziert und genial ist»,[46] der unter Edisons Anleitung geschrieben worden war. Obwohl überschwenglich optimistisch dargestellt, handelte es sich um kaum mehr als eine durch Probiererei erreichte alternative Kombination existierender Techniken, mehr ein Erfindungsversuch als eine geniale Schöpfung, die im Nachhinein nicht als wichtig eingestuft werden kann. Daß Edison einzelne Artikel an Leute versandte, die ihn früher als «Verrückten» bezeichnet oder verachtet hatten, zeigt, daß er nicht so kühl dachte, wie es schien, sondern eher bestrebt war, durch eigene Anstrengung und Können eine Vorrangstellung zu erringen. Andererseits war für Edison das Interesse der Leute wichtig; tatsächlich wurde erstmals etwas Geld zur Weiterführung seiner Versuche bereitgestellt. Das gab ihm so viel Auftrieb, daß er beschloß, nur noch für seine eigene Sache zu arbeiten und seine Stelle kündigte.

Eine Notiz in einem Telegraphen-Fachblatt berichtete im Januar 1869, daß Edison sich «von nun an ganz der Vollendung seiner Erfindungen widmen würde»[47], wozu offenbar «Doppelübertragungsgeräte» gehörten. Damit war er ein unabhängiger Erfinder, ohne feste Anstellung; damals wie heute einer der steinigsten und härtesten Berufe. Mut zum Risiko: Drei Bostoner Kapitalisten konnte er zum Vorstrecken mehrerer hundert Dollar überreden.

Das erste marktfähige Produkt, ein telegraphischer Stimmenzähler, im Oktober 1868 als Edisons erstes Patent beim Patentamt der Vereinigten Staaten angemeldet, war ein totaler Reinfall. Bei Abstimmungen bräuchten die Abgeordneten damit nur noch auf einen Ja- oder Nein-Knopf drücken: ... *und die Anzahl der Stimmen wurde automatisch angezeigt.*[48] Obwohl originell und ein Vorläufer der heute üblichen Stimmenzählgeräte, wollte ihn kein Parlament haben. Edison hat für immer daraus gelernt, daß es besser sei, Waren zu konstruieren, für die ein Markt vorhanden ist.

Mit dem Geld eines weiteren Gönners entwickelte Edison einen verbesserten «Börsenticker»; am 26. Januar 1869 reichte er dieses zweite Patent ein. Geräte dieses Typs wurden in der Inflationszeit nach dem Sezessionskrieg gebraucht, um Gold- und Wertpapier-Notierungen so rasch wie möglich telegraphisch in entfernte Städte zu übermitteln. Zusammen mit ein paar Helfern stellte Edison die Geräte in einem gemieteten Raum her, von denen er etwa dreißig an den Mann bringen konnte. Bei der Verlegung der Leitungen über die Hausdächer von der Goldbörse von Boston zu den Büros half er selbst. Nach Differenzen mit den Geldgebern wurden seine Patentrechte verkauft; für Edison sprang fast nichts heraus.

In einem Vertrag mit E. B. Welch aus Boston, der ihm 800 Dollar lieh, wird diesem die Hälfte des Gewinns zugesichert, für *jedes Gerät, oder jede Methode, die ich für die Übertragung von Nachrichten auf Telegraphenleitungen zur gleichen Zeit in beiden Richtungen erfinden werde*[49]. Edison unternahm mit einem anderen Geräten mehr oder weniger nachempfundenen Duplex-Telegraphiergerät einen größeren Versuch zwischen Roche-

Der Stimmenzähler, T. A. Edisons erste patentierte Erfindung

ster und dem 650 Kilometer entfernten New York, der vollkommen mißlang, möglicherweise weil der Hilfstelegraphist am anderen Ende der Leitung versagte. Nach diesem weiteren ernüchternden Fehlschlag war sein Kredit in Boston erschöpft. Mit ein paar geborgten Dollar setzte er sich im Mai/Juni 1869 per Schiff nach New York ab. Ohne einen Cent und ohne Freunde mußte er dort *die ganze Nacht durch die Straßen laufen*[50].

Franklin L. Pope, Elektroingenieur und Telegraphenspezialist in der Zentrale der Gold Indicator Company in der Broad Street, ließ Edison im Batterieraum übernachten. Als Edison sich den telegraphischen Goldkursanzeiger besah, der die Bewegungen der Marktkurse in der Börse auf Anzeigetafeln in den Büros abonnierender Finanzmakler übermittelte, fiel das Gerät aus; wegen des stark schwankenden Goldkurses bedeutete dies für die Gesellschaft den drohenden Zusammenbruch, für die Konkurrenz die große Chance. Während alle übrigen Experten durchdrehten, entfernte Edison in aller Ruhe eine abgebrochene Kontaktfeder. Dem fast verhungerten Arbeitslosen wurde daraufhin ein Posten als Popes Assistent mit dem fast fürstlichen Gehalt von 300 Dollar im Monat angeboten.

Binnen weniger Monate meldete Edison mehrere Telegraphen-Patente an. Obwohl er durch seine Tätigkeit mit Bankiers, Maklern, Geldleuten in Berührung kam – während des «Schwarzen Freitags» am 24. September 1869 konnte er wegen der starken Goldpreisschwankungen die Kursanzeigetafel kaum rasch genug umstellen –, brachte er für das Spekulieren, das «bloße Geldmachen» der manchmal wie besessenen Leute um ihn herum keinerlei Verständnis auf. Er investierte seine Einkünfte wie immer in Apparate und neue Pläne.

Als die «Western Union» mit der «Gold Indicator Company» fusionierte, stieg Edison trotz eines äquivalenten Stellenangebots aus und machte sich – am 1. Oktober 1869 – ein zweites Mal selbständig.

Freier Erfinder in New York (ab 1869)

«Pope, Edison & Co» hieß die neugegründete Firma zur Herstellung elektrischer Apparate, die ein Büro am Broadway hatte. Erstmalig wurden im «The Telegrapher» die Dienste von Elektroingenieuren angeboten. Aus Sparsamkeitsgründen wohnte Edison in Elizabeth, New Jersey, bei dem noch nicht 30 Jahre alten Telegraphenexperten Pope; von 6 Uhr früh bis nach 1 Uhr nachts war er täglich auf den Beinen. Das Ergebnis waren ein halbes Dutzend Patente und ein verbesserter «Golddrucker», ein Schreibtelegraph, für den die «Western Union» 15000 Dollar zahlte, wovon Edison ein Drittel als Anteil erhielt. Es war die erste große Summe, die er mit selbständiger Erfinderarbeit einnahm. *Ihr könnt von mir Geld haben*,[51] schrieb er großzügig an die Eltern; schon früher hatte er sie mit etwas Geld unterstützt.

Edison löste 1870 die Partnerschaft auf freundschaftlicher Basis: *Ich wurde es überdrüssig, die ganze Arbeit zu machen und dafür durch die größere Geschäftsbegabung meiner Partner fast nichts zu bekommen.*[52]

Die «Western Union» – die bereits mehrere Erfinder beschäftigte – bot die Zahlung regelmäßiger Vorschüsse für Forschungsarbeiten an, und Edison nahm an, ohne zu vereinbaren, was er selbst bekommen und wem die Patente gehören sollten. Schon drei Wochen später hatte er eine «Sofort-Stop-Vorrichtung» entwickelt, welche die Börsenticker in den Maklerbüro-Außenstellen in Übereinstimmung mit der Zentralanzeige brachte, wenn erstere außer Kontrolle geraten war. Daraufhin erhielt Edison unter der Verpflichtung, alle zukünftigen Börsenticker-Erfindungen für die Gold & Stock Company, eine Tochtergesellschaft der Western Union, zu reservieren, 30000 (oder 40000) Dollar. Innerhalb eines Monats war das eben erworbene Vermögen für technische Geräte und Einrichtungsgegenstände wieder ausgegeben.[53]

Von der Western Union erhielt der vierundzwanzigjährige Edison im Winter 1871 Aufträge über 1200 Börsenticker im Wert von etwa einer halben Million Dollar. *Ich habe eine Werkstatt mit 18 Angestellten, und ich richte gerade noch eine ein, in der über 150 Leute beschäftigt sein werden.*[54] Im dritten Stock eines Gebäudes in der Ward Street in Newark, New Jersey, begann ein etwa fünfjähriger aktiver und glücklicher Lebensab-

Edisons Börsenticker, der in seiner Fabrik in Newark um 1871 hergestellt wurde

schnitt als Erfinder und Hersteller elektrischer Geräte in der Firma «Edison & Unger».

In der neuen Firma konnte Edison in größerem Maßstab sein Talent entfalten, Enthusiasmus und harte Arbeitsweise auf Mitarbeiter zu übertragen. Zu den besten gehörten der Maschinenbauer und technische Zeichner John Ott, der englische Mechaniker Charles Batchelor und der schweizstämmige Uhrmacher John Kruesi; die deutschen Mechaniker Sigmund Bergmann und Johann Schuckert gründeten später in der Heimat große Elektrokonzerne. Edisons Firmenführung und Geschäftsmethoden waren ziemlich exzentrisch: Ausgabenbelege wurden an Haken gehängt; gezahlt wurde mit Wechseln, für die erst nach der Mahnung Geld besorgt wurde. War kein Geld da, wurden in Tag- und Nachtschichten Börsenticker produziert. Einmal schloß er sich mit einem halben Dutzend der besten Mitarbeiter ein, bis ein neuer Börsentickertyp ordentlich lief – 60 Stunden lang.

Edison war nun einer der hervorragendsten Telegraphentechniker. Sein «Universal-Börsenticker» – für dessen Verbesserung er allein im Jahre 1872 38 Patente erhielt – stand in fast allen Finanzbüros und Wertpapierbörsen in Amerika und Europa.

Neben seiner Fabrikantentätigkeit, die er tagsüber ausübte, experimentierte er sowohl an Verbesserungen von Geräten und Erfindungen anderer und im Auftrag von Firmen als auch für sich selbst, wie er in

Edisons Assistenten John Kruesi, John Ott und Charles Batchelor (v. l. n. r.)

seinem ab 1871 geführten Arbeitstagebuch schrieb: *Erfunden von mir & für mich und nicht für irgendeinen engstirnigen Kapitalisten.*[55]

Edisons Geldgeber nutzten nur zu oft seine prompten Verbesserungen aus. Die Western Union Telegraph Company, für die er nun sieben Jahre arbeitete, hatte ihm nicht ohne Grund einen gewissen William Unger als Partner zugesellt. Edison wußte um den nicht allzu guten Ruf des gigantischen Trusts. Die Telegraphen-«Barone» kämpften ähnlich skrupellos wie die Eisenbahn-Barone. Er trug mit seinen Patenten zweifellos zur Vorrangstellung der Western Union bei, deren Direktoren allerdings auch wissenschaftliche Erfindungen aktiver unterstützten als alle anderen Industriellen. Schon damals tauchte die Frage auf, ob Edison ein «gefangener Wissenschaftler» in der Gewalt des Trusts gewesen sei. Er, der in dieser Hinsicht noch viele Erfahrungen sammeln mußte, interessierte sich zu dieser Zeit vor allem für seine Erfinderarbeit, unter anderem für einen automatischen oder Höchstgeschwindigkeitstelegraphen. Die ursprüngliche Idee hierzu stammte nicht von Edison, sondern von George D. Little. Ein durchlaufender Papierstreifen löste in einem Abtastgerät elektrische Signale aus, die vom Empfangsgerät als Punkte und Striche auf ein Papierband geschrieben wurden. Edison verstand es, das zunächst untaugliche Gerät in den Jahren 1871 bis 1873 im Rahmen eines Vertrags mit der «Automatic Telegraph» und Gründung der Firma «Edison & Murray» in einen brauchbaren Apparat zu verwandeln.

Typisch seine Arbeitsmethodik, keineswegs nur wahllose experimentelle Probiererei, wie Edison manchmal nachgesagt wurde: «Als ich eines Abends hereinkam, traf ich Edison mit einem Stoß Chemie-Bücher von anderthalb Metern Höhe an. Er hatte sie aus New York, London und Paris bestellt. Er studierte sie Tag und Nacht. Er aß an seinem Schreibtisch und schlief auf einem Stuhl. Nach sechs Wochen hatte er die Bücher durchgesehen, ... zweitausend Experimente gemacht ... und die einzig mögliche Lösung für seine Absicht gefunden.»[56] Bis zu 1000 Wörter pro Minute in Morsezeichen konnten durch zahlreiche Verbesserungen wie Ausschaltung elektrostatischer Störungen im Empfangsgerät, Einbau eines elektromagnetischen Nebenschlusses mit Weicheisenkern, Verbesserung des Papierstreifens durch Behandeln mit Eisensalzlösung, Verfeinerung der Stanzmechanik erreicht werden. Der automatische Telegraph versprach eine Revolution im Telegraphenwesen einzuleiten.

Am 11. April 1871 erhielt Edison, der drei Jahre lang nicht daheim gewesen war, ein Telegramm mit der Nachricht vom Tod seiner Mutter. Er eilte zum Begräbnis nach Michigan; danach stürzte er sich wieder in die Arbeit. Sein unsteter Vater ging wenige Wochen nach dem Tod der Mutter, siebenundsechzigjährig, eine Verbindung mit einem Milchmädchen ein, die zu drei weiteren Kindern führte.

Edison war 1871 wohlhabend und kapitalkräftig; sein Heim bestand jedoch immer noch aus einem möblierten Zimmer in Newark. Kein Wunder, daß er sich in ein sechzehn Jahre junges hübsches Mädchen aus armer, aber angesehener Familie, Mary Stillwell, verliebte, die in seinem Betrieb wie andere Frauen mit der Perforation von Telegraphenbändern beschäftigt war. Die Auserwählte war groß, hatte eine gute Figur und

Der automatische Telegraph, von Edison 1872/73 wesentlich verbessert (rechts der perforierte Papierstreifen)

goldblonde Haare. Er ging mit der gewohnten Geschwindigkeit und den ihm eigenen Manieren vor: *Was meinen Sie, kleines Mädchen, mögen Sie mich? ... Sie müssen sich nicht beeilen mit einer Antwort. Es ist eigentlich nicht sehr wichtig – es sei denn, Sie wollen mich heiraten ... Ich meine es ernst ... Überlegen Sie es sich, sprechen Sie mit Ihrer Mutter darüber, und lassen Sie es mich wissen, sobald es Ihnen angenehm ist. Dienstag, zum Beispiel. Nächsten Dienstag, meine ich.* [57]

Schon am Weihnachtstag 1871 war Hochzeit. Das junge Paar zog in eine ansehnliche Villa an der Wright Street in Newark. Noch am Vormittag des Hochzeitstages drängte es Edison in das Labor, wo er über technischen Problemen alles vergaß. Um Mitternacht, von seinem Partner Murray aufgestöbert, eilte er zu seiner jungen Frau, die verängstigt und weinend allein in der fremden Umgebung saß. Am nächsten Tag reisten sie zu den Niagarafällen.

Mary Edison war eine sanfte, liebevolle Frau ohne jede Erfahrung. Sie ordnete sich vollkommen den Wünschen ihres willensstarken Mannes unter, den sie verehrte: «Vaters Arbeit kommt immer zuerst.» [58] Seine technischen Probleme interessierten sie nicht. In seinen Laborbüchern finden sich liebevolle Kosenamen wie *meine Frau Popsy-Wopsy.* [59] Seine Zuneigung hinderte ihn jedoch nicht, viele Abende und oft ganze Nächte im Labor zu verbringen. Manchmal war er – auf ein Problem konzentriert – so geistesabwesend, daß er Ort, Umgebung, Zeit vergaß, ja selbst seinen Namen auf Anhieb nicht nennen konnte. [60]

Das erste Kind, ein Jahr nach der Hochzeit geboren, war eine Tochter, Marion, das zweite, 1876 ein Sohn, Thomas junior. Edison gab ihnen die aus der Telegraphie entliehenen Spitznamen «Dot» [Punkt] und «Dash» [Strich]. 1878 wurde der zweite Sohn William Leslie geboren.

Die Automatic Telegraph Company hatte die britischen Postbehörden für Edisons Neuentwicklungen interessieren können. Die Verkaufsaussichten waren vielversprechend, wenn es gelang, das «Automatic»-Gerät überzeugend vorzuführen. Am 29. April 1873 brach Edison zu einer sechswöchigen Segelreise nach London auf. Ende Juni kehrte er von der beschwerlichen Reise zurück, ohne den geringsten Erfolg. Man hatte ihn vor die schwierige Aufgabe gestellt, durch ein 3500 Kilometer langes, spiralig gewickeltes Unterwasserkabel zu telegraphieren, das bei Greenwich zum späteren Einsatz für eine Leitung nach Brasilien gelagert war. Edison erkannte die Bedeutung der Selbstinduktion offenbar nicht und es gelang ihm nicht, mehr als zwei Wörter pro Minute zu übertragen. Das Postministerium führte schließlich einen anderen automatischen Telegraphen ein; der Verdacht Edisons, daß man seinem System einiges abgeschaut hatte, ist nicht unbegründet.

Da auch die Western Union seinen «Automatic» abgelehnt hatte, fand Edison bei der Rückkehr seine Frau in größter finanzieller Bedrängnis vor. Das ganze Land befand sich 1873 und 1874 in einer Wirtschaftskrise: die New Yorker Börse blieb zehn Tage geschlossen, das Kapital war wie verschwunden, Hunderttausende wurden arbeitslos. Die Magnaten der

Mary Stilwell Edison, die erste Ehefrau des Erfinders

Wall Street, für die Edisons Arbeit sehr einträglich gewesen war, blieben jetzt stahlhart. Auch die Western Union hatte finanzielle Schwierigkeiten, da ihre Aktien im Wert stark fielen. Geld in neue Erfindungen zu stecken, daran war kaum jemand interessiert.

In solchen mageren Zeiten ist das Los des freien Erfinders nicht beneidenswert. Edison, am Rande des Ruins, konnte sich durch einige kleinere Erfindungen und durch entscheidende Beiträge zur Entwicklung von Duplex- und Quadruplex-Telegraphen gerade noch über Wasser halten.

1872 hatte er die Partnerschaften mit William Unger und George Harrington vorübergehend aufgelöst, letztere, weil er sich *vorkam wie ein alter Mantel, den man bis zur Wertlosigkeit abnutzt, um ihn dann an den Nagel zu hängen*[61]. Obwohl er sich mit Harrington, der ihm ab und zu mit kleinen Beträgen aushalf, wieder einigte, vertraute er wohl beständig nur Joseph Murray als Geschäftspartner.

Einige tausend Dollar brachte ihm der Verkauf einer kleineren Erfindung ein, eines Bezirksmeldesystems, das sich bei Feuer, Einbruch und anderen Notfällen bewährte. Ein aufsehenerregender Vorfall, bei dem ein geistesgestörtes Dienstmädchen eine Frau und ein Kind in einer Villa zu ermorden drohte, führte Edisons Firma «Domestic Telegraph Company» einige hundert Abonnenten zu.

Noch erfolgreicher war eine andere Erfindung Edisons im Jahre 1874, der «Elektroschreibstift». Der Stift stanzte mit Hilfe eines kleinen daraufsitzenden Elektromotors *sehr schnell zahllose kleine Löcher in ein Stück Papier, füllte die Löcher mit einer dickflüssigen Tinte aus*[62]. Der Vorteil solcher perforiert geschriebenen Texte war, daß davon wie von einer Schablone oder Matrize mit einer Farbwalze viele Kopien hergestellt werden konnten, ähnlich dem heute vielverwendeten Siebdruck-Verfahren. Das Gerät war in jener Zeit – vor Einführung der Schreibmaschine – beliebt, etwa 6000 Exemplare wurden verkauft. 1875 entwickelte Edison daraus ein einfaches automatisches Kopiergerät mit Matrizen aus paraffi-

Edisons Elektroschreibstift (1874) mit Batterie (links) und Kopiervorrichtung (Farbwalze)

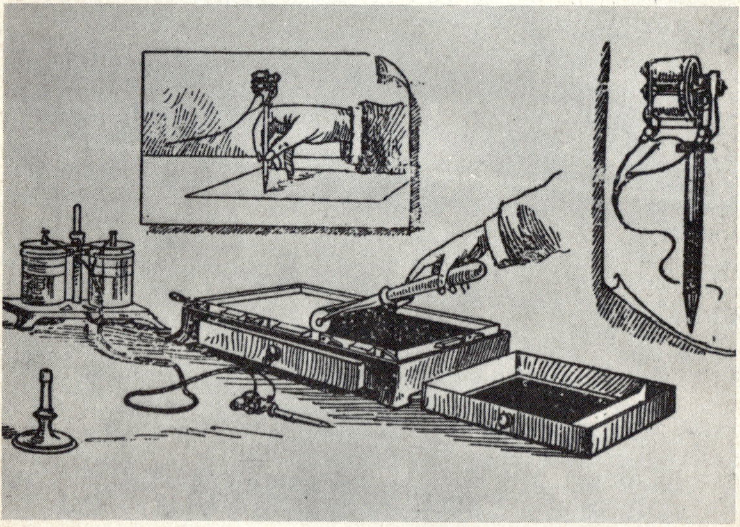

Der berüchtigte «Finanzbaron» Jay Gould, lebenslanger Rivale der Vanderbilts

niertem Papier, den «Mimeographen», den er für wenig Geld an A. B. Dick aus Chicago verkaufte, der daraus eine der größten Bürogeräteindustrien Amerikas schuf.

Die Telegraphie hatte in den Jahren 1850 bis 1880, als das Telephon noch nicht bekannt war, eine heute kaum vorstellbare Bedeutung als «technisches Nervensystem» erlangt, nicht nur beim Aufbau der amerikanischen Wirtschaft, des Handels, der Presse, sondern sie brachte auch in Notfällen rasche Hilfe. Auf der anderen Seite war mit der Kontrolle über das Telegraphenwesen die Herrschaft über das Eisenbahnwesen, die Zeitungen und Nachrichtendienste eng verbunden. Leider entwickelte sich die Telegraphie insbesondere im großen Telegraphenkrieg von 1874 bis 1880 zwischen den «Baronen» der «Atlantic & Pacific Telegraph Company», dem skrupellosen «Piraten» Jay Gould, und der Western Union, William Orton, zu einem Mittel, «eigennützige Monopolgesellschaften zu nähren, die dem Wohl des amerikanischen Volkes schadeten»[63].

Als der Automatik-Telegraph 1873 in Serie gehen sollte, übernahm der geheimnisumwitterte «Todesengel von Wall Street», Jay Gould, die «Automatic Telegraph» einschließlich ihrer Patentrechte und der Dienste des von diesen großangelegten, intrigenreichen Plänen kaum ahnenden Erfinders Edison.

Obwohl sich der «Automatic» zwei Jahre lang sehr bewährte, wurde nach dem Willen von Jay Gould weiter von Hand telegraphiert. Auch finanziell wurde Edison bitter enttäuscht; er war unbeabsichtigt in das Finanz-Intrigenspiel der rivalisierenden Geld-Lords – Gould auf der einen Seite mit der «Atlantic & Pacific Telegraph Company» und die Morgan-Vanderbilt-Gruppe auf seiten der Western Union – geraten.

Trotz der Bemühungen bekannter Wissenschaftler und Erfinder wie Sir Charles Wheatstone, Lord Kelvin, Werner Siemens und J. B. Stearns in den fünfziger Jahren waren Mehrfachübertragungen über das noch nicht gewinnbringende Duplex-Gerät von Stearns hinaus selbst im Jahre 1873 noch nicht möglich. Edison bot der Western Union Verbesserungen an: *Wenn ich einen weiteren Duplex entdecke, werde ich ihn vom Patentamt sofort unter Verschluß nehmen lassen, so daß der Duplex ein kompliziertes Patent wird, das der Western Union gehört.* [64] Kurz vor der England-Reise meldete er das neue Duplexsystem an, mit dem er erstmals gleichzeitig zwei Telegramme in derselben Richtung durchgeben konnte, während Stearns' Gerät dies nur in entgegengesetzter Richtung leistete. Als sich nach seiner Rückkehr aus England die Western Union uninteressiert zeigte, wandte er sich an die Konkurrenz, die Telegraphengesellschaft unter Leitung von George Harrington und Josiah Reiff. Jene waren jedoch, was Edison wahrscheinlich nicht wußte, in Wirklichkeit Beauftragte von Jay Gould, dessen Strategie es war, die Western Union finanziell zu schwächen, um sie in die Hand zu bekommen. Entlang der Eisenbahnstränge der Kansas & Pacific, Missouri Pacific, Wabash und der Union Pacific ließ er Telegraphenleitungen für die Telegraph Company bzw. die «Automatic» bauen.

Im Telegraphenkrieg wurde Anfang 1874 Edisons «automatischer Telegraph» von Goulds Seite als Herausforderung zu einem öffentlichen Geschwindigkeitswettbewerb mit dem ausschließlich von Hand betriebenen Telegraphen der Western Union eingesetzt. Obwohl Edisons System mit nur einer einfachen Leitung zwischen Washington und New York gegen die sechs Leitungen der anderen Seite knapp gewann, stellte die Presse die noch verbliebenen Schattenseiten des «automatischen» Telegraphensystems heraus, daß nämlich das Perforieren des Papierstreifens und die Niederschrift immer noch manuell erfolgen mußten.

Edison hatte weitergehende Pläne für die Mehrfachtelegraphie: *Ich wollte die W. U. Telegraph Company (am Quadruplex) interessieren und hatte vor, ihn zu verkaufen, aber ich hatte keinen Erfolg, bis ich mit dem Chefelektriker der Gesellschaft eine Vereinbarung traf, wonach er als Miterfinder gelten und einen Teil des Geldes erhalten sollte. Zu dieser Zeit war ich ziemlich mittellos und war mehr auf Geld angewiesen als auf Ruhm. Diesen Elektriker schien es mehr nach Ruhm als nach Geld zu dürsten, und so wurden wir schnell handelseinig ...* [65]

Im Sommer 1874 konnte Edison dann erstmals zwei Telegramme in gleicher Richtung auf einer Leitung übertragen (wobei Morsezeichen in Änderungen der Stromrichtung umgesetzt wurden) und durch Kombination dieses «Diplex» (Duplexsystem) mit dem von Stearns (bei dem das

Relais auf Änderungen der Stromstärke ansprach) insgesamt vier Telegramme pro Leitung gleichzeitig: der «Quadruplex», wie ihn Edison 1874 erstmals nannte, war geboren.

Mit diesem Erfolg begann auch der Ärger: Edison hatte in seiner Geldnot komplizierte Verträge und Geschäfte mit den beiden verfeindeten Gesellschaften abgewickelt. Später wurden Edison daher «völlig verworrene Vorstellungen von seinen vertraglichen Verpflichtungen»[66] vorgeworfen. Trotzdem hatte er für die vielversprechende Entwicklung des Quadruplex von der Western Union noch kein Geld bekommen. Da Edison dringend 10000 Dollar brauchte, um sein Haus in Newark vor der Pfändung zu retten, bat er den Präsidenten der W. U. um ein Darlehen. Der wies ihn jedoch kalt ab. Daraufhin verschaffte sich Edison das Geld bei der Konkurrenz Automatic Telegraph von Reiff; es war zur Entwicklung eines neuen Telegraphenrelais gedacht, das im Telegraphenkrieg gewinnbringend eingesetzt werden sollte. In Wirklichkeit stammte das Geld jedoch von dem im Hintergrund operierenden Jay Gould.

Die Relais-Frage wurde im Sommer 1874 von der Western Union zu einem Schlag gegen die Gould-Gesellschaft genutzt, der deren Vernichtung bedeutet hätte. In einem Prozeß wurde vorgebracht, im Gouldschen Telegraphennetz würden die Patentrechte der W. U. an dem «Page-Relais» verletzt, das damals die einzige Möglichkeit darstellte, schwach ankommende Telegraphensignale verstärkt, mit heraufgesetzter Spannung, in den nächsten Leitungsabschnitt weiterzugeben. Die Bundesgerichte entschieden für die W. U., die damit alle «Klopfer» Goulds für siebzehn Jahre stillegen zu können hoffte.

Goulds Gefolgsmänner riefen Edison zu Hilfe, der eine Lösung zur Umgehung von Pages Patent finden sollte. Edison meldete schon am 13. August 1874 sein «Kreidetrommel-Relais», das er «Elektromotograph» nannte, zum Patent an: *Statt des Magneten des Page-Relais setzte ich ein (trommelförmiges) Stück Kreide ein, das durch einen kleinen Elektromotor gedreht wurde, und verband einen Klopfer mit einem Metallfinger, der auf der Kreide auflag. Dadurch wurde der Anspruch von Page wertlos.*[67] Das Prinzip des neuen Relais beruhte darauf, daß die mechanische Reibung des Metallfingers auf der feuchten Kreide bei elektrischem Stromfluß stark abnahm. Edison hatte damit das Gould-Empire vor dem Untergang bewahrt. Dafür hatte er magere 1000 Dollar von Gould bekommen. Von der W. U. hat er 1874/75, fast ein Jahr lang, praktisch nichts erhalten, obwohl der neue Quadruplex auf einigen der insgesamt 40000 Kilometer langen Linien durch die Verdopplung der Übertragungskapazität der Gesellschaft bereits Einsparungen in Millionenhöhe brachte.

Edisons Stellung im Telegraphenkrieg wurde noch schwieriger, als der General-Direktor der W. U., T. T. Eckert, zur Gould-Gruppe überwechselte: Eckert und Gould kauften Edison persönlich die Hälfte seiner Rechte an der lebenswichtigen Quadruplex-Erfindung für 30000 Dollar ab.

Im Januar 1875 war schon auf Grund von Gerüchten, daß Edison zu Gould übergetreten sei, bei der W. U., deren Aktien auf einen Tiefstand fielen, eine Panik ausgebrochen. Daran soll Gould an einem einzigen Tag zwanzig- bis dreißigmal soviel verdient haben, wie er dem jungen Erfinder bezahlt hatte. Nachdem Edison ein verspätetes Angebot Ortons, die ausstehenden Beträge zu bezahlen, ausgeschlagen hatte, strengte die W. U. einen Prozeß an, durch den die Ansprüche der Gould-Gesellschaft auf Edisons Patentrechte am Quadruplex aufgehoben werden sollten. Edison stand vor Gericht im Kreuzfeuer beider durch Staranwälte vertretenen Parteien. Von der W. U. wurde er als «schurkischer Erfinder» gebrandmarkt, als «Professor Doppelt- und Vierfach» verhöhnt, der die gleichen Patentrechte mehrmals verkauft habe. Goulds Anwalt warf der W. U. vor, sie habe Edison betrügen wollen.

Edison hatte als Selbständiger das Recht gehabt, seine Dienstleistungen und Patente jedem zu verkaufen. Beide Gesellschaften hatten ihn hängen lassen oder übervorteilt: Der «Miterfinder» Prescott von der W. U. hatte praktisch nichts beigesteuert, wurde aber in Pressemitteilungen noch vor Edison als Erfinder benannt.[68]

Goulds betrügerische Handlungsweise machte schließlich auch vor Edison nicht halt. Obwohl schriftlich fixiert, wurde keines der großzügigen Versprechen eingehalten: Aktien über 250000 Dollar, ein gutbezahlter Posten als Chefelektroingenieur. Auch alle Aktionäre und Gläubiger der Automatic-Gesellschaft verloren ihre Einlagen. Edisons ehemaliger Gönner Harrison, Goulds Stellvertreter, floh mit dem weiterzugebenden Geld nach England. Zusammen mit anderen Betrogenen klagte Edison in einem Prozeß gegen Gould. Nach dreißigjähriger Dauer – Gould war längst tot – wurde zugunsten der Kläger entschieden: der Sachverständige setzte den Schaden der Kläger auf einen einzigen Dollar an!

Edison brach nach diesen Erfahrungen 1875 für immer mit Gould, diesem vielgehaßten Machtfanatiker, der sich nach dem Tode Ortons 1881 durch einen Aktientausch zwischen der Atlantic & Pacific und der W. U. die Vormachtstellung im gesamten fusionierten Telegraphenwesen sicherte.

Als Gould die Western Union beherrschte, wußte ich, daß es in der Telegraphie keinen weiteren Fortschritt mehr geben konnte, und ich wandte mich anderen Dingen zu ... Gould setzte seinen Stolz nicht in den Aufbau eines Unternehmens. Er war hinter Geld her – und nur hinter Geld.[69]

Im Forschungslabor des Newarker Betriebes experimentierte Edison trotz seines Vorsatzes auch an nicht unbedingt Gewinnbringendem. Es gab Explosionen und einmal mußte die städtische Feuerwehr löschen. Nach Versuchen mit Bogenlampen studierte er, wie auch Elisha Gray und Alexander Bell, im November 1875 Probleme der «akustischen Telegraphie»: *Beim Experimentieren mit einem Magnetschwinger, der aus einem Stück Silberstahl bestand, das am einen Ende eingespannt und mittels eines Magneten zum Schwingen gebracht worden war, stellte ich mit Erstaunen fest, daß seltsam helle, glimmernde Funken aus dem Magnetkern sprangen.* Edisons aus der Beobachtung, daß ein Elektroskop nicht ansprach, gezogene Schlußfolgerung, diese Funken seien *nicht elektrisch*, war allerdings ebenso falsch wie die Ansicht, daß es sich um eine *wirklich unbekannte Kraft* handle.

Joseph Henry hatte vor Jahren ähnliche Funken entdeckt, Faraday hatte die Möglichkeit erörtert und 1863 hatte Maxwell die Entstehung elektromagnetischer Wellen theoretisch vorausgesagt und beschrieben, Heinrich Hertz hat diese Schwingungen schließlich erzeugt und damit die Radiotelegraphie ermöglicht.

Obwohl Edison dem Phänomen nicht gründlich und sorgfältig genug nachgegangen war, brachte er es in die New Yorker Presse: «Edison entdeckt bisher unbekannte Kraft», wurde in der angesehenen Zeitschrift «Scientific American» vom 25. Dezember 1875 berichtet. Er selbst hielt vor einer wissenschaftlichen Gesellschaft, dem Polyclinic Club des American Institute, einen Vortrag darüber. Edisons voreilige, eigenwillige Behauptungen fanden außer Fürsprechern, darunter der bekannte Physiker Dr. George Beard, auch mehrere heftige Kritiker aus der Reihe der Physikprofessoren, die sich zum Teil über ihn lustig machten. Keiner konnte ahnen, daß trotz der Fehlinterpretation Edisons dessen mehr intuitive Voraussagen später, nach der Entdeckung der Hochfrequenzwellen, vor deren Schwelle Edison gestanden hatte, in bemerkenswertem Umfang zutrafen: *Die umständlichen Einrichtungen zur Weiterleitung gewöhnlicher Elektrizität – wie etwa Telegraphenmaste, Isolatoren, Kabelisolatoren usw. – können nun fortfallen ... Die derzeitigen Methoden oder Geräte können vielleicht völlig revolutioniert werden.*[70]

Das Laboratorium von Menlo Park (ab 1876)

Im Frühjahr 1876 gab der inzwischen wieder wohlhabende Edison seinem Leben eine Wende: Er entschied sich, mit Fabrikationen jeder Art aufzuhören und sich ganz dem Erfinden und Forschen zu widmen. Auf dem Land, in dem einsamen Dorf Menlo Park, 20 Kilometer von New York entfernt, ließ er ein «Laboratorium» errichten; sein Vater Sam Edison wurde hinzugezogen, um die Bauarbeiten zu leiten.

Im Erdgeschoß des 30 × 10 Meter großen scheunenartigen Gebäudes wurde ein Büro, eine bescheidene Bibliothek und ein Zeichenraum eingerichtet, das Obergeschoß war ein einziger großer Laboratoriumsraum für die dreizehn beschäftigten Mitarbeiter, mit Tischen und Regalen voll von Instrumenten, Maschinen, Batterien, Chemikalienflaschen im Wert von ca. 40000 Dollar: das erste industrielle Forschungslabor in Amerika, in dem «für Erfindungen aller Art» Forschungs- und Entwicklungsarbeit geleistet werden sollte; auch Erfindungen auf Bestellung und gegen Bezahlung waren eingeplant.

Edison machte keinen Hehl daraus, daß er sich in Menlo Park mit «praktischen Erfindungen» beschäftigen wollte, die kommerziell verwertbar sind. Er stellte sich damit bewußt in Gegensatz zum «wahren Wissenschaftler», der es in der Regel für unter seiner Würde hielt, sich um nützliche Anwendungen von Ideen und Entdeckungen zu bemühen, und nannte sich selbst trotzig einen *Industrie-Wissenschaftler*. Es klang wie Prahlerei, als Edison vor seiner Abreise aus Newark – in vollem Ernst – sagte: *... jeden zehnten Tag eine kleinere Erfindung, und eine große Sache alle sechs Monate*. Seine Voraussage sollte sich im wesentlichen bewahrheiten.

Seit dem mißlungenen Versuch über die «ätherische Kraft» zeigte Edison offen seine Abneigung gegenüber Mathematikern und Physikern, was ihn allerdings nicht daran hinderte, 1878 den bei Helmholtz in Deutschland und in Princeton ausgebildeten Physiker Francis R. Upton einzustellen, um *einen zur Hand zu haben, falls wir mal irgend etwas ausrechnen müssen*[71].

Seine besten Mitarbeiter waren mit aufs Land gezogen, wo außer ein paar Bauernhäusern, der Bahnstation, einer Fremdenpension nur ein Saloon Unterhaltung bot. Bald hieß der Ort «Edison-Dorf». Edison verstand es wieder, seine Mitarbeiter mit einem ehrgeizigen Programm und eigener Vorleistung zu motivieren. *Also: wir zahlen überhaupt nichts und*

Edisons Menlo Park Laboratorium

wir arbeiten immer, war der wesentliche Teil des ziemlich barschen Einstellungsgesprächs, als sich der junge William J. Hammer, später ein großer Mann der Elektroindustrie, vorstellte. Hammer war einverstanden.

Für seine Familie hatte Edison ein schlichtes Bauernhaus mit sechs Zimmern gleich neben dem Laborgebäude gekauft. Die in der Stadt aufgewachsene Frau Mary haßte die Stille und die dunklen Nächte in dem Dorf.

Auf der Jahrhundertausstellung in Philadelphia 1876 hatte inzwischen das Telephon von Alexander Graham Bell öffentliches Aufsehen erregt, obwohl es noch recht mangelhaft war: Selbst bei der Übertragung über nur wenige Kilometer mußte der Sprechende dieselben Worte mehrmals gegen eine Membran brüllen, um trotz der Nebengeräusche verstanden zu werden. Die Membranschwankungen wurden mit einer Spule in Stromstärkeschwankungen umgesetzt, die auf der Empfängerseite über eine zweite Membran wieder in Schallschwingungen zurückverwandelt wurden. Ein Nachteil war auch, daß immer nur abwechselnd gesprochen und gehört werden konnte.

Die Western Union beauftragte Edison, das Telephon marktreif zu machen.[72] Dieser hatte sich schon zuvor mit einem «Sprechtelegraphen», das heißt der «akustischen Telegraphie» beschäftigt. Erfahrungen beim Quadruplex mit einem durch Druck steuerbaren Kohlewiderstand kamen ihm zugute: am 20. Januar 1877 konnte er das Verhältnis von Lautstärke zu

Edison (mit Glasbläserkappe, etwa in der Mitte vor der Orgel) mit Assistenten im ersten Stock des Laboratoriums in Menlo Park (Foto vom 20. Februar 1880)

Rauschen durch Einbau einer mit Kohlekörnern gefüllten Schale an der Membran wesentlich verbessern. Das am 27. April 1877 eingereichte Patent, dessen Rechte die Western Union hatte, wurde erst nach fünfzehn Jahren erteilt, weil die Bell-Telephongesellschaft auf Verletzung ihrer Rechte an einem von Emile Berliner entwickelten Mikrophon klagte, dessen Anmeldung Berliner in Form eines Caveats beim Patentamt zwei Wochen vor dem 27. April angekündigt hatte. In einer weiteren Patentanmeldung vom Februar 1878 beschrieb Edison ein verbessertes Mikrophon mit einer Kohlestaub-Kapsel, mit dem er im März 1878 lautes Sprechen nach beiden Seiten gleichzeitig über 170 Kilometer vorführen konnte. Das Bundesgericht in Boston entschied 1892: «... Bei der Übertragung des gesprochenen Worts hat Edison die Priorität vor Berliner ... Die Verwendung von Kohle ist ohne Frage die Erfindung von Edison ... Der Fortschritt im Telephonwesen ist auf die Kohleelektrode Edisons zurückzuführen.» [73]

Inzwischen hatten die Bell-Telephongesellschaft und die Western Union-Tochter «American Speaking Telephone Company» einen Vergleich geschlossen, durch den erstere die Vorrangstellung in der amerikanischen Telephonindustrie errang, während letztere 3,5 Millionen Dollar Tantiemen kassierte. Der Erfinder Edison erhielt, nachdem er auf sich aufmerksam gemacht hatte, für die Dauer des Patents (17 Jahre) 6000 Dollar jährlich.

In England stritten sich um dieselbe Zeit eine Bell-Gesellschaft und eine Edison Telephone Company. Edison schaffte es unter außerordentlichem Arbeitseinsatz 1878, durch die Entwicklung eines neuen «Kreidehörers» Bells Magnethörer zu umgehen, wodurch die Voraussetzungen für eine Fusion der Konkurrenten günstig wurden. Obwohl die Hörer mit der aus seinem «elektromotographischen Relais» entlehnten feuchten Kreidetrommel – die man, wie in historischen Filmen zu sehen, während des Hörens mit einer Handkurbel etwas umständlich drehen mußte – nach der Fusion bald wieder aufgegeben wurden, hatten sie das Bell-Telephon in England aus dem Rennen geworfen. Edison brachte die Telephonverbesserung finanziell etwa 250000 Dollar ein.

Der dreiundzwanzigjährige Ire George Bernard Shaw[74] gehörte in jenen Tagen zu den Angestellten des englischen Edison-Unternehmens, die Interessenten das Telephon vorführte. Im Vorwort zu dem Roman «Die törichte Heirat», dessen Held ein englischer Erfinder aus Arbeiterkreisen ist, weist der spätere Dramatiker auf die Inspiration durch Edison hin. Von Shaw stammt auch eine plastische Beschreibung von Edisons nach England gesandten Mechanikern, die Telephonleitungen legten und -zentralen einrichteten.[75]

In den Jahren um 1880 in Menlo Park war Edison, Anfang Dreißig, in seinem Element: Die Prozesse um seine Erfindungen zeigten deren Bedeutung, und er hatte jetzt die Möglichkeit, viele Neuentwicklungen – zeitweise mehr als 40 – nebeneinander zu verfolgen. Seine Neugier und

Das Wohnhaus der Edisons im Dorf Menlo Park

sein Fleiß ließen ihn viele Beobachtungen machen, die nicht praktisch verwertbar waren. Trotzdem hielt Edison die Augen für Zufallsentdekkungen offen. Die Erforschung des Klanges faszinierte ihn, kaum daß er von Bells Erfindung des Telephons hörte – um so mehr, da er taub war. *Rein zufällig*, wie er bekannte, stieß er auf seine beste, originellste Erfindung, die Sprechmaschine, von ihm Phonograph genannt, dem Vorläufer des Grammophons, des Schallplattenspielers.

1877 schon notierte er, daß die Punkt- und Strich-Kerbungen in den Paraffin-überzogenen Telegraphen-Papierrollen beim Vorbeigleiten an einer das Papier andrückenden Stahlfeder *einen leichten musikalischen, rhythmischen Ton, der einer undeutlichen menschlichen Stimme ähnelte*[76] erzeugten. Edison näherte sich dem Problem auch von einer anderen Sei-

Das von Edison verbesserte Telephon mit Kohlekörner-Mikrophon und Kreideempfänger aus den Jahren 1878/79. Die Kurbel unterhalb der Hörmuschel (rechts im Bild) mußte während des Telephonierens fortwährend bewegt werden

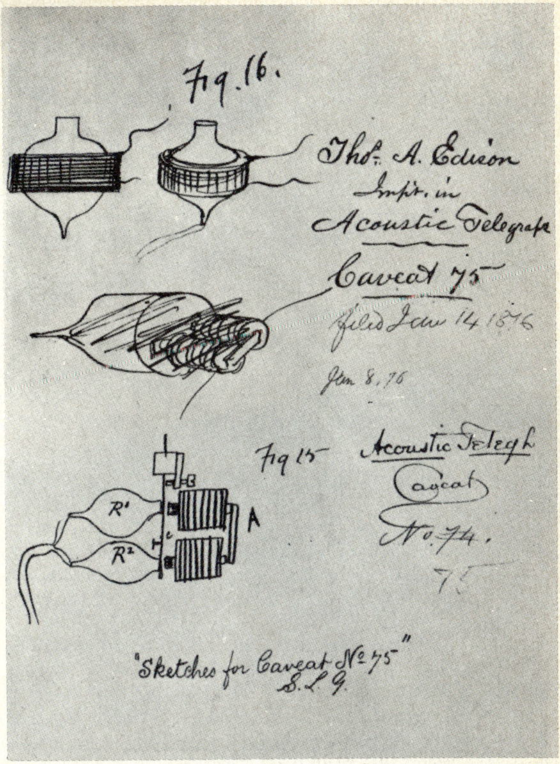

Skizzen Edisons zum «Akustischen Telegraphen», die er am 14. Januar 1876 beim amerikanischen Patentamt einreichte

te: Er versuchte herauszufinden, was einen Vokal entstehen läßt, um ihn technisch etwa mit einer Membran erzeugen zu können. Am 18. Juli 1877 machte er folgende Arbeitsnotiz: *Sprech-Telegraph. Habe gerade ein Experiment mit einer Membrane gemacht, die eine herausstehende Stelle hat; hielt sie gegen ein Paraffinpapier, das sich schnell drehte. Die gesprochenen Schwingungen sind gut eingekerbt, und es besteht kein Zweifel daran, daß ich die menschliche Stimme speichern und automatisch jederzeit genau reproduzieren kann.*

Im «Scientific American» erschienen am 17. November und am 22. Dezember 1877 Berichte über den immer wieder verbesserten Phonographen. Bei den ersten Vorführungen waren die Zuhörer wie vor den Kopf geschlagen oder sie glaubten, einem Bauchredner aufzusitzen. Das Un-

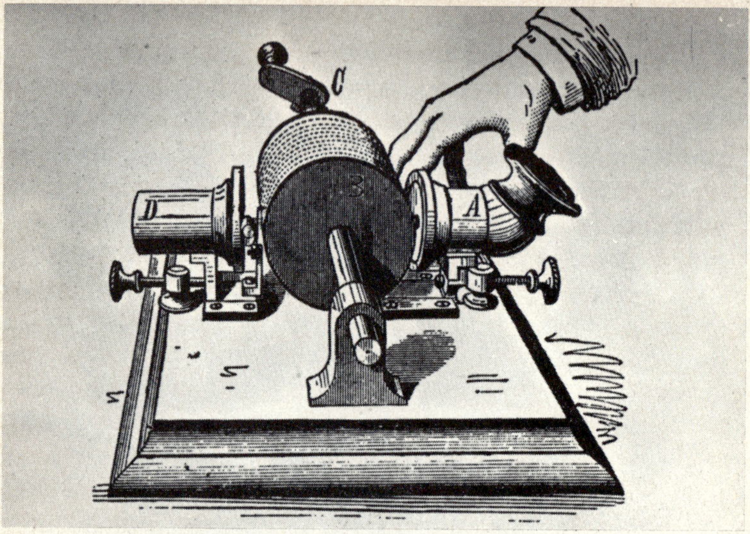

Edisons ursprünglicher Phonograph von 1877[77] *(Original siehe Buchrückseite). Als eigentliches Datum der Erfindung eines funktionierenden Phonographen gilt der 6. Dezember 1877*[78]

heimliche war die Einfachheit der sprechenden Maschine. Am 15. Dezember 1877 wurde das Phonographen-Patent angemeldet. Die Western Union wußte mit dieser nicht bestellten Erfindung nichts anzufangen, aber der Phonograph machte Edison weltweit berühmt und populär: «Professor» wurde der als neuer Nationalheld Gefeierte in der Presse tituliert. Ein Jahr lang (1878) war jedermann von einem Phonographen-Fimmel ergriffen. Menlo Park wurde von Neugierigen überflutet, von Wissenschaftlern besucht. Das breite Publikum schloß den erfinderischen, tatendurstigen Selfmademan ins Herz. Eine Art Mythos entstand um den Erfinder, der eines Zauberers, der wahre Wunder wirken könne.

Am 18. April 1878 durfte er den Phonographen mit großem Erfolg im Weißen Haus dem Präsidenten Hayes, in der Smithsonian Institution dem ehrwürdigen Joseph Henry und einer großen wissenschaftlichen Versammlung vorführen, wobei er das Gerät selbst sagen ließ: *Die Sprechmaschine hat die Ehre, sich selbst der Amerikanischen Akademie der Wissenschaften vorzustellen.*[79] Die Edison Speaking Phonograph Company wertete den Phonographen in erster Linie als Musikbox aus, Edison erhielt 10000 Dollar, später 20 Prozent Tantiemen für jedes verkaufte Gerät.

Nach spätestens zwei Jahren galt der Phonograph nur noch als wissenschaftliche Kuriosität ohne kommerziellen Wert. Eine Zeitlang arbeitete Edison noch an Verbesserungen: 1878 patentierte er einen scheibenförmigen Tonträger an Stelle der Walze, den Vorläufer der Schallplatte.

Dann wandte sich der Erfinder anderen Plänen zu. Dies sollte sich als schwerer Fehler herausstellen, denn selbst die Verwendung als Diktiergerät oder zur Wiedergabe langer Konzerte, für die der erste Phonograph noch zu stark kratzte – er spielte auch kaum länger als eine Minute –, wurde später in einem Ausmaß verwirklicht, das auch er – der taube und unmusikalische – Edison nicht ahnen konnte, obwohl er die prinzipiellen Möglichkeiten voraussah: Korrespondenz, Diktat, *Phonographische Bücher* für Blinde, Unterrichtung in der Redekunst, Musik, Festhalten von Stimmen, Einbau in Spielzeug wie Puppen, Zeitansage, Lehranweisungen für Schüler, Übertragung von Protokollen.[80]

Im Spätfrühling 1878 fühlte sich Edison erstmals müde und abgearbeitet. Er hatte nie Urlaub genommen. Als Professor George F. Barker ihn einlud, an einer wissenschaftlichen Expedition in die Rocky Mountains teil-

Edison neben dem mit einem Schwungrad (links) versehenen Phonographen, im April 1878 in Washington

Edison (in der Mitte, mit Hut) und seine Oberassistenten vor dem Menlo Park Laboratorium, 1878. Von links nach rechts: T. Seymour, «Basic» Lawson, J. F. Randolph, George Carman, F. McLoughlin, J. F. Ott
Dr. Haid, F. R. Upton, Edison, Charles Batchelor
Francis Jehl, Martin N. Force, Albert Swanson, S. L. Griffin

zunehmen, um dort im Sommer die totale Sonnenfinsternis zu beobachten, sagte er zu. Es verwundert nicht, daß Edison dabei ein neues hochempfindliches Temperaturmeßgerät erproben wollte. Zwei Monate später, Ende August 1878, kehrte er, nach einem Abstecher an die kalifornische Küste, gut erholt nach Menlo Park zurück.

Nach der Besichtigung einiger damals neumodischer elektrischer Bogenlampen–Beleuchtungsanlagen war Edison fasziniert vom künstlichen Licht. Es war ihm sofort klar, daß die in Serie geschalteten großen und grellen Bogenlampen für kleine Abnehmer, die noch Gas- oder Öllampen benutzten, nicht geeignet waren. Generalstabsmäßig plante er daher eine ökonomische elektrische Energieverteilung und -versorgung für eine Stadt, noch bevor geeignete Lampen oder Schaltungen bekannt waren. Er erkannte, daß eine kleine Lichtquelle mit geringem Stromverbrauch die größte Zukunft haben würde: die Glühlampe.

Entmutigend war, daß seit 50 Jahren zahlreiche Erfinder in aller Welt Glühlampen nie länger als ein paar Augenblicke zum Leuchten gebracht hatten. Nachdem Edison mit der ihm vertrauten Kohle, dann mit Edelmetallen und Legierungen (Platin, Iridium) in immer besserem Vakuum eine wenige Minuten brennende Lampe in Händen hatte – die noch keinerlei praktischen Wert besaß –, organisierte er zusammen mit dem ihn fördernden Rechtsanwalt P. Lowrey eine großangelegte, geradezu großspurige Pressekampagne, in welcher die Öffentlichkeit glauben gemacht wurde, die elektrische Glühlampe könne demnächst eingeführt werden. Der Glaube an den Zauberer aus Menlo Park erwies sich als so groß, daß die frechen Behauptungen eine finanzielle Panik an den Börsen in London und New York auslösten: Alle Gaslichtaktien verloren in wenigen Tagen um 12 Prozent ihres Wertes. Lowrey konnte am 15. November 1878 einige Direktoren der Western Union und die Teilhaber der Drexel, Morgan & Co. – damals Amerikas führende Finanzleute – zur Gründung einer «Edison Electric Light Company» bewegen.

Allein Zeitungsberichte über den Gesundheitszustand Edisons oder über ein Patent der Amerikaner W. E. Sawyer und A. Man für ein Kohlestiftlicht in einer mit Stickstoff gefüllten Glaskugel[81] verursachten, zusammen mit Angriffen auf Edison von verschiedener Seite, panikartige Aufregung unter seinen Geldgebern, die zeitweise auch mit dem Gedanken spielten, sich mit Edisons Konkurrenten zusammen zu tun.

Edison erweiterte das Menlo Park-Laboratorium um drei Gebäude, ein Büro mit Bibliothek und Empfangsraum, einen Maschinenraum mit zwei Achtzig-PS-Dampfmaschinen und eine Glasbläserhütte. Der Mitarbeiterstab wurde qualitativ durch Wissenschaftler und Ingenieure mit Hochschulausbildung ergänzt, unter ihnen E. G. Acheson, der spätere Entdecker des Karborunds, und F. J. Sprague, später führender Erfinder von Zugmaschinen. Der Mäzen Lowrey vermittelte den Mathematiker Francis R. Upton als leitenden wissenschaftlichen Assistenten, der sich trotz Edisons Ressentiments den reinen Theoretikern gegenüber bald als unentbehrlich erwies, unter anderem was Berechnungen des elektrischen Widerstandes von Glühlampenfäden und Verteilerleitungen betraf. Während andere Erfinder noch nach hochschmelzenden Glühkörpern mit niedrigem elektrischem Widerstand suchten, arbeitete Edison schon 1878/79 mit einer kleinen Lichtquelle, die bei hohem elektrischem Widerstand wenig Strom verbrauchte und die man unabhängig von anderen Lampen ein- und ausschalten konnte. Hierzu war eine Parallelschaltung der Lampen erforderlich.

Heute erscheinen uns diese Zusammenhänge aus dem – schon seit 1827 bekannten – Ohmschen Gesetz als selbstverständlich. Jedoch äußerten damals eine Reihe von anerkannten Gelehrten prinzipielle Zweifel an der «Unterteilung des Lichts»[82].

Der Weg war in der Tat noch weit: ... *Der erste Schritt ist ein Einfall – ... aber dann tauchen die Schwierigkeiten auf. Zuerst klappt das eine nicht mehr und dann das andere – Mucken, wie wir die kleinen Fehler und Schwierigkeiten nennen, zeigen sich, und monatelanges angespanntes Suchen, Forschen und Arbeiten ist notwendig, bevor mit Sicherheit von einem kommerziellen Erfolg – oder auch einem Fehlschlag – gesprochen werden kann ...*[83]

Edisons Dynamo «Mary Ann mit der langen Taille» (Z-Typ) von 1879

Ein besseres Vakuum (1–2 Torr) und verbesserte entgaste Glühelemente – darunter vom heutigen Standpunkt aus interessante Metalle wie Osmium – brachten günstigere, aber noch lange nicht kommerziell verwertbare Ergebnisse. Edisons Geld schmolz dahin, die Geldgeber äußerten unter dem Eindruck der sich in New York ausbreitenden Bogenlampen Besorgnisse und Zweifel. Sie ließen sich die Platinlampe im April 1879 in Menlo Park vorführen: ein enttäuschender Mißerfolg; die Lampen brauchten zuviel Strom, waren teuer und schmolzen rasch durch. Die Aktien der «Edison Electric Light Company» fielen, die Wertpapiere der Gaslicht-Gesellschaften erholten sich. Zeitungen brachten seit dem Frühjahr vernichtende Artikel über Edison mit gehässigen Angriffen, hinter denen man die einflußreichen Gaslichtfirmen vermuten darf: Er sei ein «Scharlatan, in Menlo Park herrsche Verzweiflung».[84] *Ich selbst verlor nie den Mut oder den Glauben an den Erfolg. Das kann ich allerdings nicht von allen meinen Partnern sagen.*[85]

Er hatte aus dem Mißerfolg viel gelernt: Seine Methoden wurden disziplinierter, wissenschaftlicher[86], seine Geräte und Vorrichtungen übertrafen das Übliche weit. Er dachte nicht nur an die Glühlampe, sondern an die ganze Elektroindustrie im Zusammenhang mit der Stromerzeugung, -verteilung und -messung.

Am 18. Oktober 1879 widmete die Zeitschrift «Scientific American» dem von Edison und Upton konstruierten neuen Dynamo einen Leitartikel, der den Spott einiger mißtrauischer Experten hervorrief. Obwohl im Prinzip kaum vom Siemens-Dynamo abweichend, hatte er einige Vorzüge: die relative Konstanz der von Edison für die elektrische Beleuchtung als zweckmäßig erachteten 110 Volt auch bei Entnahme größerer Strommengen, einen hohen Wirkungsgrad, unterteilte an Stelle von massiven Ankerkernen und Kollektoren. Wegen seines Aussehens erhielt er den Spitznamen «Mary Ann mit der langen Taille».

Inzwischen konnte der Luftdruck in den mit dem begabten deutschen Glasbläser Ludwig Böhm verbesserten Glaskolben bis auf eine millionstel Atmosphäre gesenkt werden. Die ehemals verworfenen Glühfäden aus Kohle mit dem gegenüber Platin höheren Schmelzpunkt (3500° C) und elektrischen Widerstand wurden wieder geprüft; sie mußten nach Edisons und Uptons Überlegungen einen Durchmesser von höchsten 0,4 Millimeter haben und etwa 15 Zentimeter lang sein. Systematisch wurden nun Tag und Nacht Zusammenhänge zwischen der Form von aus Lampenruß und Teer gekneteten Kohlefäden, ihrem mechanischen und elektrischen Widerstand und ihrer Hitzeabstrahlung untersucht. Die Fäden glühten gewöhnlich ein bis zwei Stunden, ehe sie durchbrannten. Edison trieb seine Mitarbeiter an. Für besondere Leistungen gab er Belohnungen. Die Hauptmitarbeiter Batchelor, Kruesi, Upton beteiligte Edison prozentual an seinen Gewinnen. Spät nachts gab es zu essen und manchmal Wein. Edison selbst spielte auf der im Laboratorium aufgebauten Orgel, einem Geschenk des Orgelbauers Hilborne Roosevelt, eines Vetters von Theodore Roosevelt. Trotz schwerer Rückschläge legte Edison unerschütterlichen Optimismus und unverwüstlichen Humor an den Tag. Er pflegte bei solchen Gelegenheiten von zukünftigen Erfindungen zu schwärmen, die er noch als Eisen im Feuer habe, und: *Der Fehler der meisten Erfinder ist, daß sie ein paar Sachen ausprobieren und dann aufhören. Ich höre nie auf, bis ich erreicht habe, was ich will.*[87]

Mit verkohlten Baumwollfäden gelang am 21./22. Oktober 1879 der Durchbruch: 13 (oder 40) Stunden glühte der noch recht zerbrechliche Kohlefaden im evakuierten Glaskolben.[88]

Die Männer schrien und brüllten vor Freude. Ein aus verkohltem Papier, Karton, geformter Faden brannte sogar 170 Stunden. Am 4. November 1879[89] reichte Edison die Patentanmeldung für eine Kohlefadenglühlampe ein, die nicht einmal zwei Seiten lang war und nur vier Ansprüche enthielt.

Edison hatte nicht die erste Glühlampe erfunden, er hat aber durch

Kohlefaden-Glühlampe Edisons, die am 21./22. Oktober 1879 vierzig Stunden lang brannte (Nachbildung)

«eine Kombination bekannter Elemente, aus denen etwas Neues entstand»[90], die brauchbarste Beleuchtung geschaffen, die in großen Stückzahlen geliefert werden konnte und jedem zur Verfügung stand. Sie verbreitete sich im nächsten halben Jahrhundert in der ganzen Welt.

Er hatte inzwischen mehr Geld aus eigener Tasche in die Entwicklungen hineingesteckt. Seine Finanziers blieben jedoch mißtrauisch; wer konnte wissen, ob es sich nicht wieder nur um ein «Laboratoriums-Spielzeug» handelte.

Lowrey und Edison blieb nur der Weg über die Öffentlichkeit, um die Geldgeber geneigter zu machen. Am 21. Dezember 1879 wurde das Geheimnis auf der Titelseite des «New York Herald» unter der Überschrift «Edisons Licht» gelüftet. Dies führte dazu, daß – kaum zwei Jahre nach dem Triumph des Phonographen – «die wissenschaftliche Welt bis auf ihre Grundmauern» erschüttert wurde.[91] Mit 3000 Schaulustigen artete die Glühlampen-Demonstration am Silvesterabend 1879 in Menlo Park zu einem Massenfestival aus. Man wollte «den Fortschritt» sehen[92] und den berühmten Erfinder. Wie immer in solchen Fällen meldeten sich auch Konkurrenten, Neider. W. E. Sawyer erhob Einspruch beim US-Patentamt: er habe schon vor Edison karbonisiertes Papier als Glühelement benutzt. Edison sah sich veranlaßt, ein möglichst besseres Material zu finden.

Er stand aber vor noch viel größeren Aufgaben: Ohne ein System von besseren Dynamos, einem Leitungsnetz, Schaltern, Sicherungen, Stromzählern, Steckdosen und anderes würde die Glühlampe in der Tat ein wissenschaftliches Spielzeug bleiben.

Hier war wieder Angriffsfläche für Edisons Kritiker, Gegner und Neider: Professor Elihu Thomson aus Philadelphia, der vier Jahre zuvor Edisons «ätherische Kraft» kritisiert hatte, prophezeite Edisons Lampe «keine große Zukunft». Die Lampe sei nicht nur schwach, man würde dazu «das Kupfer der ganzen Welt brauchen».[93] Damit verschreckte er Edisons Geldgeber; später, als das Edison-System nicht mehr aufzuhalten war, schwenkte Thomson um und ahmte es nach.

Im Winter 1879/80 arbeitete eine erweiterte Mannschaft von 100 Arbei-

Der erfolgreiche Glühlampenversuch vom 21. Oktober 1879. Von links nach rechts: Kruesi, Jehl, Böhm (an der Vakuumpumpe), Edison (mit dem Gesicht der Glühlampe zugewandt), Batchelor, Upton

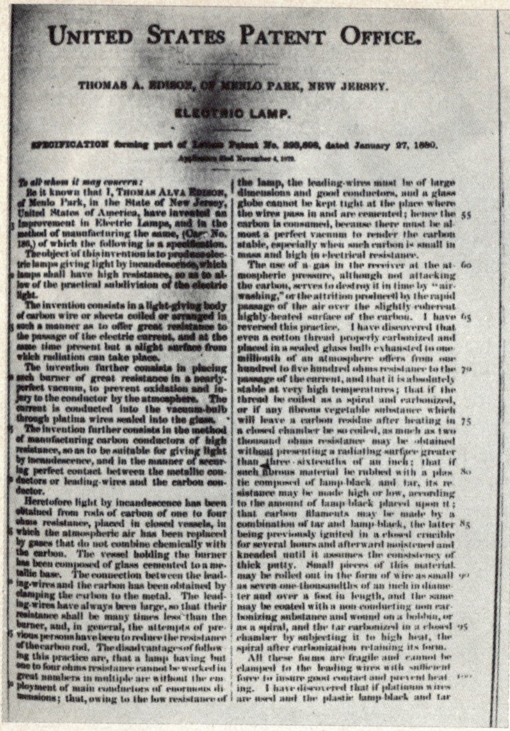

UNITED STATES PATENT OFFICE.

THOMAS A. EDISON, OF MENLO PARK, NEW JERSEY.

ELECTRIC LAMP.

SPECIFICATION forming part of Letters Patent No. 223,898, dated January 27, 1880.

Application filed November 4, 1879.

To all whom it may concern:

Be it known that I, THOMAS ALVA EDISON, of Menlo Park, in the State of New Jersey, United States of America, have invented an Improvement in Electric Lamps, and in the method of manufacturing the same, (Case No. 186,) of which the following is a specification.

The object of this invention is to produce electric lamps giving light by incandescence, which lamps shall have high resistance, so as to allow of the practical subdivision of the electric light.

The invention consists in a light-giving body of carbon wire or sheets coiled or arranged in such a manner as to offer great resistance to the passage of the electric current, and at the same time present but a slight surface from which radiation can take place.

The invention further consists in placing such burner of great resistance in a nearly-perfect vacuum, to prevent oxidation and injury to the conductor by the atmosphere. The current is conducted into the vacuum-bulb through platina wires sealed into the glass.

The invention further consists in the method of manufacturing carbon conductors of high resistance, so as to be suitable for giving light by incandescence, and in the manner of securing perfect contact between the metallic conductors or leading-wires and the carbon conductor.

Heretofore light by incandescence has been obtained from rods of carbon of one to four ohms resistance, placed in closed vessels, in which the atmospheric air has been replaced by gases that do not combine chemically with the carbon. The vessel holding the burner has been composed of glass cemented to a metallic base. The connection between the leading-wires and the carbon has been obtained by clamping the carbon to the metal. The leading-wires have always been large, so that their resistance shall be many times less than the burner, and, in general, the attempts of previous persons have been to reduce the resistance of the carbon rod. The disadvantages of following this practice are, that a lamp having but one to four ohms resistance cannot be worked in great numbers in multiple arc without the employment of main conductors of enormous dimensions; that, owing to the low resistance of the lamp, the leading-wires must be of large dimensions and good conductors, and a glass globe cannot be kept tight at the place where the wires pass in and are cemented; hence the carbon is consumed, because there must be almost a perfect vacuum to render the carbon stable, especially when such carbon is small in mass and high in electrical resistance.

The use of a gas in the receiver at the atmospheric pressure, although not attacking the carbon, serves to destroy it in time by "air-washing," or the attrition produced by the rapid passage of the air over the slightly-coherent highly-heated surface of the carbon. I have reversed this practice. I have discovered that even a cotton thread properly carbonized and placed in a sealed glass bulb exhausted to one-millionth of an atmosphere offers from one hundred to five hundred ohms resistance to the passage of the current, and that it is absolutely stable at very high temperatures; that if the thread be coiled as a spiral and carbonized, or if any fibrous vegetable substance which will leave a carbon residue after heating in a closed chamber be so coiled, as much as two thousand ohms resistance may be obtained without presenting a radiating surface greater than three-sixteenths of an inch; that if such fibrous material be rubbed with a plastic composed of lamp-black and tar, its resistance may be made high or low, according to the amount of lamp-black placed upon it; that carbon filaments may be made by a combination of tar and lamp-black, the latter being previously ignited in a closed crucible for several hours and afterward moistened and kneaded until it assumes the consistency of thick putty. Small pieces of this material may be rolled out in the form of wire as small as seven one-thousandths of an inch in diameter and over a foot in length, and the same may be coated with a non-conducting non-carbonizing substance and wound on a bobbin, or as a spiral, and the tar carbonized in a closed chamber by subjecting it to high heat, the spiral after carbonization retaining its form.

All these forms are fragile and cannot be clamped to the leading wires with sufficient force to insure good contact and prevent heating. I have discovered that if platinum wires are used and the plastic lamp-black and tar

Patentschrift über die elektrische Kohlefaden-Glühbirne, eingereicht am 4. November 1879, erteilt am 27. Januar 1880

tern an der Anlage eines Leitungsnetzes mit Haupt- und Zweigleitungen auf den Feldern um Menlo Park, das als Modell für zukünftige Stromverteilungen gedacht war. Im Spätsommer 1880 entwarf Edison ein «Haupt- und Verteilungsleitungs»-System, das die Abmessungen der Kupferleitungen auf etwa ein Achtel reduzierte. Allein im Jahre 1880 reichte der rastlose Erfinder 60 Patente ein; sechs davon über Dynamos, 32 über verbesserte Glühlampen, sieben über die Stromverteilung. 1882 konnte er durch das «Dreileiter»-Verteilungssystem[94] noch einmal 62 Prozent Kupfer einsparen.

Um den Lampenfaden aus verkohltem Papier zu verbessern, begann Edison eine aufwendige Suche nach der ihm oft vorgeworfenen Methode «Probieren geht über Studieren», die er offenbar vor allem bei chemischen Untersuchungen bevorzugte. Doch ließ er keineswegs blindlings, ohne konkrete Vorstellung in aller Welt nach geeigneten Zellulosefasern suchen, nachdem er herausgefunden hatte, daß Bambusfasern eine viel längere Brenndauer – bis zu 1200 Stunden – haben als Papierstreifen: *Irgendwo in Gottes großer Werkstatt gibt es ein dichtes, holziges Gewächs mit fast geometrisch parallelen Fasern und ohne Mark.*[95] Mit einem ausgeprägten Sinn dafür, Publicity für sich arbeiten zu lassen, sandte er 1880 – in der Blütezeit von Jules Vernes Zukunftsromanen, die er mit Vergnügen las – drei Weltreisende in Sachen «perfekte Pflanzenfaser», W. H. Moore, F. McGowan, J. Ricalton auf seine Kosten nach Japan, China, Westindien, Zentralamerika, Südamerika, Indochina. Eine bessere Faser brachte das 100000 Dollar teure Unternehmen, über dessen Abenteuer die Presse überschwenglich berichtete, nicht, jedoch wurde in Japan ein zuverlässiger Lieferant für die erforderlichen Bambus-Waggonladungen gefunden. Wenige Jahre später – 1889 – wurde karbonisierter Bambus schon durch die chemisch modifizierte «gespritzte Zellulose» – aus der auch das Zellophan besteht – ersetzt, womit sich der Chemiker Joseph Swan Verdienste erwarb.

Edisons Geldgeber machten sich während der nur langsam fortschreitenden Entwicklung des Lichtsystems Sorgen über seine großen Geldausgaben – 150000 Dollar in einem Jahr für Dynamos, Dampfmaschinen, Kupfer usw.

1880 tauchte ein neuer finanzkräftiger Gönner auf: der Eisenbahnmagnat Henry Villard, Teilhaber der Edison Electric Light Company und Herr über die «Northern Pacific Railroad», das zweitgrößte Eisenbahnsystem der USA. Er vermittelte Edison den Auftrag, das für die Oregon-

Edisons erste Glühbirnen-Fabrik in Menlo Park und ihre Arbeiter

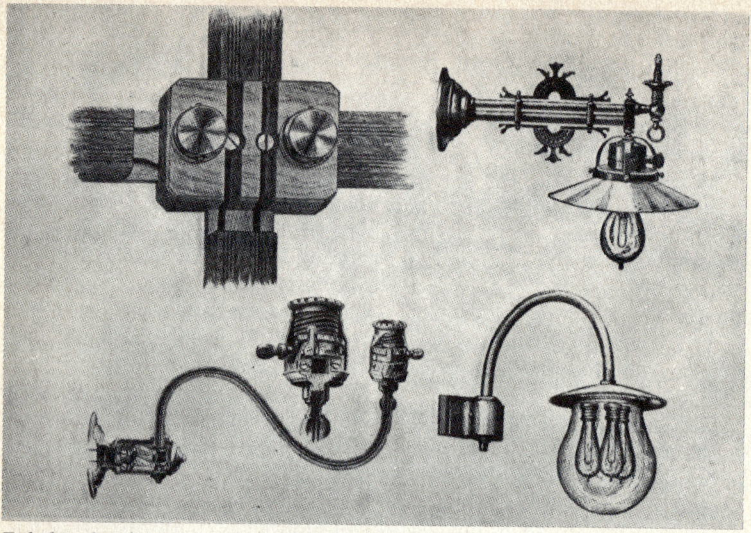

Zubehör der elektrischen Beleuchtung Edisons, 1883

Eisenbahn- und Schiffahrtsgesellschaft im Bau befindliche, 110 Meter lange, Dreitausendzweihundert-Tonnen-Stahlschiff «S. S. Columbia» mit einer selbständigen elektrischen Beleuchtungsanlage auszustatten. Edison kam dies als Modell für die geplante Einrichtung einer großen Zentralstation in New York sehr gelegen. 115 Lampen mit Glühfäden aus karbonisiertem Papier wurden von vier auf dem Schiff installierten «Mary Ann»-Dynamos mit Strom versorgt: das erste kommerzielle «Kleinkraftwerk», Vorläufer anderer, die später in Hotels, Büros, Villen usw. für Strom sorgten. Die Anlage auf der «S. S. Columbia» arbeitete fünfzehn Jahre lang perfekt; nur die Lampen wurden nach einiger Zeit durch neue mit Bambusglühfäden ersetzt.

Edisons Geldgeber verlangten «die Einrichtung einer kompletten Anlage von angemessenem Umfang, damit die Wirtschaftlichkeit überprüft und die schwachen Stellen aufgedeckt werden können». Erhebliche Schwierigkeiten waren zu bewältigen: Neue größere Dampfmaschinen und Dynamos wurden benötigt, alle elektrischen Zubehörteile einschließlich Isolierungen mußten selbst hergestellt werden. Edisons Glasbläser Böhm war von der Konkurrenz abgeworben worden. Es begannen Patentprozesse in den USA und England, wo inzwischen andere, darunter Swan, ähnliche Kohlefadenglühlampen nachbauten.

Edison erkannte, daß er sich nur durchsetzen konnte, wenn er die elektrische Hausbeleuchtung *bis ins kleinste Detail*[96] durchkonstruierte. Um das Menlo Park Laboratorium herum legte er ein Beleuchtungssystem mit Kraftwerk und 425 Glühlampen an, das nach einigen Verbesserungen

Anfang 1881 so wirtschaftlich arbeitete wie es den Betriebskosten für Gaslicht entsprach.

Trotzdem zögerten die Direktoren der Edison Electric Light Company lange, das für eine Herstellung und Verbreitung elektrischer Anlagen und des Zubehörs von Edison gewünschte erforderliche Kapital in Millionenhöhe zur Verfügung zu stellen. Mit den Problemen oder dem begrenzten Gewinn einer Fabrikation wollten sie nichts zu tun haben, sie hofften auf die Vergabe von Lizenzen an andere und die Einnahme von Tantiemen, ohne sich mit Herstellung und Verkauf zu belasten. *Wenn es keine Fabriken zur Herstellung meiner Erfindungen gibt, dann werde ich die Fabriken eben selbst bauen. Da die Geldgeber ängstlich sind, werde ich das notwendige Kapital selbst zur Verfügung stellen. Die Losung heißt: Fabriken oder Tod!*[97]

Edison riskierte mit 33 Jahren sein ganzes Vermögen für eine völlig neue Industrie der Elektrozubehör-Teile. Im Sommer 1880 richtete er eine Fabrik zur Herstellung von Glühlampen ein – in einer alten Scheune in der Nähe des Menlo Park-Laboratoriums. Seine Mitarbeiter Johnson, Batchelor und Upton investierten als Juniorpartner kleine Summen. Eine Lampe erforderte damals 200 Arbeitsgänge und kostete 1,21 Dollar. In Erwartung günstigerer Herstellungstechniken gab Edison die Lampe jedoch für 80 Cents ab. Nach einem Jahr stellten 133 Mitarbeiter täglich 1000 Lampen her, von denen die Hälfte mangels Käufern auf Lager ging.[98]

Weitere Firmen wurden mit eigenen Mitteln bzw. Kreditaufnahmen gegründet: eine in New York für die Herstellung von Lampenfassungen, Schaltern, Sicherungen, Leuchtern, chemischen Meßgeräten usw., alles Entwicklungen Edisons. Innerhalb eines Jahres wuchs die Firma auf 300 Beschäftigte. Die «Edison Machine Works» begannen mit dem Bau von Dynamos.

Am 17. Dezember wurde die «Edison Electric Illuminating Company of New York», Vorfahre der heutigen «Consolidated Edison Company» gegründet mit dem Ziel, Straßen und Häuser von New York mittels eines großen Zentralkraftwerks zu beleuchten. Hierzu hatten endlich die führenden Leute der Bank-, Eisenbahn- und Telegraphengesellschaften Kapital beigesteuert. Der vor Begeisterung und Energie geradezu platzende Edison pendelte im Winter 1880/81 ständig zwischen Menlo Park und New York.

Im Frühjahr 1880 hatte Edison im Gelände um das Laboratorium Schienen und Schwellen für eine 250 Meter lange Schmalspurbahn verlegen lassen, auf der am 13. Mai 1880 mit einer 1,80 Meter langen und 1,20 Meter breiten elektrischen Lokomotive mit 8,1 Kilowatt (11 PS) die erste Versuchsfahrt durchgeführt wurde. Es war die erste in Amerika gebaute große Lokomotive. Der Eisenbahnkönig Villard war nach der Vorführung so begeistert, daß er im Sommer 1881 dem Erfinder 40000 Dollar zur Entwicklung einer kräftigen und schnelleren Lokomotive vorstreckte. Bald konnte Edison mit großem Vergnügen einen zuverlässigen Zug auf

Probefahrt mit der von Edison verbesserten elektrischen Lokomotive im Jahre 1880

einer 4 Kilometer langen Strecke vorführen, der 65 Kilometer pro Stunde erreichte und eine von ihm erfundene elektrische Bremsvorrichtung hatte. Die Eisenbahnleute waren jedoch in der Mehrzahl konservativ; sie meinten, die Dampflokomotive sei nicht zu ersetzen.

Edison verlor nach wenigen Jahren die Lust an der Pionierarbeit auf dem Gebiet der Eisenbahn-Elektrifizierung: Die Patente warfen nicht viel ab; Henry Villards Unterstützung erlosch mit dem Konkurs der von diesem geleiteten Northern Pacific Railroad; der Erfinder Stephen D. Field strengte einen Prozeß an. Edison hatte keinen Nutzen mehr von der Einigung mit Field, der 1883 Leiter der «Electric Railway Company of America» wurde. Diese erregte mit einer Edison-Field-Lokomotive von drei Tonnen Gewicht auf der Eisenbahnausstellung 1883 in Chicago breites öffentliches Interesse, während Edison sich anderen Entwicklungen, besonders dem Beleuchtungssystem zuwandte. Es blieb Frank J. Sprague, den Edison 1882 angestellt hatte, vorbehalten, einen für Straßenbahnen geeigneten Zugmotor zu entwickeln; Charles J. Van Depoele erkannte eine andere Anwendung und erfand die Hängebahn.

Fabrikant in New York (ab 1881)

Im Februar 1881 siedelte Edison von Menlo Park nach New York über, in der Absicht, hier sein Beleuchtungssystem in großem Stil aufzubauen: *Jetzt steige ich in die praktische Produktion ein.*[99] Außerdem sollte im Ausland – auf der Pariser Elektrizitätsausstellung im Sommer 1881 und auf der Kristallpalast-Ausstellung in London Ende 1881 – für seine Beleuchtungsanlage geworben werden. So wurden die besten Mitarbeiter von Menlo Park, darunter Batchelor, Johnson, Hammer, Jehl, zur Beaufsichtigung der Arbeiten nach Europa beordert; Maschinen und Instrumente wurden nach New York gebracht. Die Lampenfabrikation in Menlo Park lief aber weiter. Edisons Frau und die drei Kinder wurden in einem Hotel in der Nähe von Gramercy Park einquartiert.

Als Arbeits-Hauptquartier und zur Vorführung mietete er eine luxuriöse vierstöckige Villa an der Fifth Avenue, Nr. 65, in der Nähe der 14th Street Straße, in der elegantesten Gegend. Ähnliche Beleuchtungen wie dort wurden bald in andere vornehme Häuser, allen voran Vanderbilts und Morgans, eingebaut.

Am 1. März 1881 wurde der junge Engländer Samuel Insull, der zwei Jahre in Edisons Londoner Büro gearbeitet hatte, auf Empfehlung Gourauds und E. H. Johnsons Edisons Privatsekretär. Er war *unermüdlich wie die Gezeiten*[100], und Edison konnte ihm rückhaltlos vertrauen, was bei der reichlich unkonventionellen Arbeitsweise und Geschäftsabwicklung des Erfinders von großem Wert war. Insull war erschreckt von der gigantischen Größe der Projekte Edisons, der seinen gesamten Besitz in die Produktion elektrischer Anlagen und Geräte zu investieren entschlossen war. 1500 Arbeiter wollte er in den nächsten Monaten einstellen – im obersten Stockwerk in der Fifth Avenue Nr. 65 wurde mit der Schulung von jeweils 30 Leuten begonnen –, Schwierigkeiten bei der Maschinenbeschaffung und die Konkurrenz der Gasgesellschaften wollten bewältigt sein.

Kruesi begann mit einigen hundert Arbeitern an der Goerck Street Nr. 104–106 in der Nähe der Hafenanlagen mit der Produktion von Dynamos, die Geburtsstunde der späteren «General Electric Company».

Edison wählte den Stadtteil von der Wall Street bis zur Spruce und Ferry Street und vom East River bis zur Nassau Street, jeweils etwa eine halbe Meile; dort lebten viele Finanzleute, die er für seine Beleuchtung zu gewinnen hoffte. Kundenwerber fragten in jedem Haus, ob bei gleichen

Kosten ein Wechsel von Gas auf Elektrizität in Frage käme. Aus dem jeweils registrierten Gasverbrauch errechnete Edison den Strombedarf. Das Kraftwerk sollte im Zentrum des Viertels stehen. Im August 1881 kaufte Edison in der damals schäbigen Pearl Street Nr. 255–257 zwei Gebäude für insgesamt 155000 Dollar. Von einer mehrstöckigen Eisenkonstruktion getragen, wurden nach und nach sechs mit Dampfmaschinen gekoppelte tonnenschwere Jumbo-Dynamos von jeweils ca. 147 Kilowatt (200 PS) im ersten Stock untergebracht, die Heizkessel im Erdgeschoß.

Neuartige Probleme bereitete das Verlegen der 23 Kilometer unterirdischen Stromversorgungs-Leitungen in aneinandergesetzten, 6,8 Meter langen Rohren, für die sich Edison aus Sicherheitsgründen an Stelle der von Dach zu Dach führenden Drähte entschlossen hatte. Die ursprüngliche Isolationsmasse Trinidad-Asphalt wurde in Menlo Park in siebenjähriger Arbeit durch Beimischen von Leinsamenöl, Paraffin und Bienenwachs verbessert.[101]

Der erste, lange zuvor angekündigte Probelauf zweier Jumbos am 8. Juli 1882 war ein Fiasko: Die Drehzahlen konnten nicht hinreichend geregelt werden, und die Maschinen schaukelten sich gegenseitig auf. Mit Hilfe der später von dem begabten Maschinenbauer Gardiner Sims konstruierten neuen Dampfmaschinen mit Zentrifugal-Drehzahlregler wurden die Schwierigkeiten behoben.

Bei der offiziellen Eröffnungs-Vorstellung am 4. September 1882 wurde vorsichtshalber nur ein Jumbo-Dynamo eingeschaltet; statt der geplanten Versorgung Tausender Gebäude hatte man nur 400 Lampen bei 85 Abnehmern anschließen können. Die Kosten von 600000 Dollar für das Pearl Street-Unternehmen standen in umgekehrtem Verhältnis hierzu. Edisons Geschäft mit der Elektrizitätsversorgung in den USA begann sehr zögernd, wozu auch einige Unglücksfälle wie Brände auf Grund von Kurzschlüssen beitrugen. Den Kunden wurden anfangs nicht einmal Rechnungen zugestellt, um die neue Beleuchtung trotz Kinderkrankheiten attraktiv zu machen.

Es dauerte Jahre, bis sich städtische Energieversorgungen allgemein durchsetzten. Triumphe in Paris und London trugen dazu bei: Auf der Pariser Elektroausstellung von 1881 stellte Edison als einziger Glühlampen einschließlich eines kompletten elektrischen Verteilersystems aus. Ein in der Goerck Street in Tag- und Nacht-Schichten hergestellter und in 137 Kisten eingeschiffter Jumbo-Dynamo, größer als alle anderen, speiste fünfhundert Glühlampen mit je 16 Kerzenstärken. Edison wurde außer zahlreichen Goldmedaillen und Diplomen das Band der Ehrenlegion zuerkannt. Die in Frankreich neugegründete «Société Continentale Edison» erhielt starken Auftrieb. In dem von Batchelor geführten Herstellungsbetrieb arbeiteten europäische Techniker, darunter Nicola Tesla.

Die Ausstellung des Edison-Systems im Kristallpalast in London wurde durch die brillanten Vorführungskünste Johnsons und den Besuch Prominenter wie des Prince of Wales ein glänzender Erfolg: «Mr. Edisons Schau ist das Wunder der ganzen Ausstellung . . .»[102] Die mit englischem Kapital gegründete «Edison Electric Lighting Company Ltd.» baute am Holborn

Edison im Alter von 34 Jahren

Viaduct das erste kommerzielle Elektrizitätswerk der Welt für Beleuchtungszwecke. Zwei Jumbo-Generatoren kamen aus New York. Ein junger britischer Wissenschaftler, Dr. John Hopkinson, half sie zu verbessern.

Ein Patentstreit mit der Swan United Electric Light Company und eine ungünstige Gesetzgebung führten schließlich zur Zusammenlegung der englischen Gesellschaften als «Edison & Swan Electric Company Ltd.». Gegen die Aufnahme Swans in den Firmennamen hatte sich Edison 1883 zunächst gewehrt: *Ich möchte in diesem Land, und wo es sonst möglich ist, soweit es irgendwie geht, Besitzer meiner Erfindungen bleiben ... Mich*

Im Innern des Elektrizitätswerks in der Pearl Street, das von Edison am 4. September 1882 in Betrieb gesetzt wurde

verpflichtet mein Ruf, mein Stolz und meine Beziehung zu meinem Werk. Sie können schwerlich von mir erwarten, daß ich Interesse habe, meine Arbeit an neuen Erfindungen und Verbesserungen für eine Firma fortzusetzen, in der ich meine Identität verloren habe. [103]

Die ausländischen Erfolge im Rücken konnte Edison, der oft als Prahler und Ignorant bezeichnet worden war, am Eröffnungstag der Pearl Street-Anlage am 4. September von sich sagen: *Ich habe all das erreicht, was ich versprochen habe!* [104]

Edison stand nun im Rampenlicht. Die Villa der Edison-Gesellschaft in der Fifth Avenue in New York wurde zu einem gesellschaftlichen Treffpunkt, in dem sich täglich Kunden, Erfinder, Journalisten, Geldleute, Politiker und Künstler trafen. Einer der berühmtesten Geigenvirtuosen der Welt, der Ungar Ede Reményi, spielte die ganze Nacht für den bewunderten Schöpfer des Phonographen. Ab 1879 erschienen zahlreiche Biographien, die den «König der Erfinder» als Symbol amerikanischen Erfindergeistes herausstellten. Obwohl kein Eisenbahnkönig, kein Geldmann, kein Militär, kein Staatsmann, wurde er als einer der größten Männer der Zeit gepriesen.

Die Geschäfte des von den Zeitungen als «millionenschwerer Erfinder» hingestellten Edison gingen 1883/84 jedoch noch nicht so gut. Er war «reich an Maschinen und arm an Bargeld» [105]. Die elektrische Beleuchtung in New York weitete sich zwar langsam aus – 1884 wurden 508 Verbraucher mit 10164 Lampen versorgt –, aber es war dort kein zweites Kraftwerk gebaut worden. Die Direktoren der «Edison Electric Light Company» waren in den vergangenen Jahren zurückhaltend gewesen, sie wollten weniger in das Elektrogeschäft einsteigen als Lizenzgebühren kassieren.

Zu Edisons Überraschung war die Nachfrage nach Kleinkraftwerken – wie das auf der «S. S. Columbia» installierte – zur Stromversorgung von Fabriken, Hotels, Kaufhäusern, Farmen und kleinen Städten viel größer als der Bedarf an Großanlagen. Ende 1881 wurde daher als Tochter der «Edison Electric Light Company» die «Edison Company for Isolated Lighting» gegründet. Zur Erleichterung und Regelung der Finanzierung für finanzschwächere Orte gründete Edison die Firma «Edison Construction Department», deren Geschäftsbetrieb nach ein paar Jahren eine andere Edison-Gesellschaft übernahm.

Telegraphenleitungen am unteren Broadway in den achtziger Jahren des 19. Jahrhunderts

Ich werde jetzt Geschäftsmann entschloß sich Edison im Sommer 1883. *Ich bin von nun an ein richtiger Unternehmer für elektrische Beleuchtungsanlagen und werde als Erfinder eine große Pause einlegen.*[106]

1882 und 1883 wurden auch in anderen amerikanischen Großstädten wie Boston, Chicago, Cincinnati und Detroit Beleuchtungsanlagen vorbereitet. Edison reiste von einer Stelle zur andern. Sein Unternehmen wuchs, aber auch die Schwierigkeiten und Unfälle auf Grund der Unerfahrenheit der Zeitgenossen im Umgang mit Strom und wegen technischer Mängel der Anlagen.

Obwohl Edison mit der Leitung und Organisation seiner Firmen und Werke mehr als genug zu tun hatte, ließ sein Erfindereifer keineswegs nach. In dem einen Jahr 1883 reichte er 141 Patente ein, hauptsächlich zum Beleuchtungssystem. Seine schöpferische Aktivität in diesem Zeitraum – die Dekade 1873 bis 1883 von seinem 26. bis zum 36. Lebensjahr

Edison (in späteren Jahren) mit Edison-Effekt-Lampen

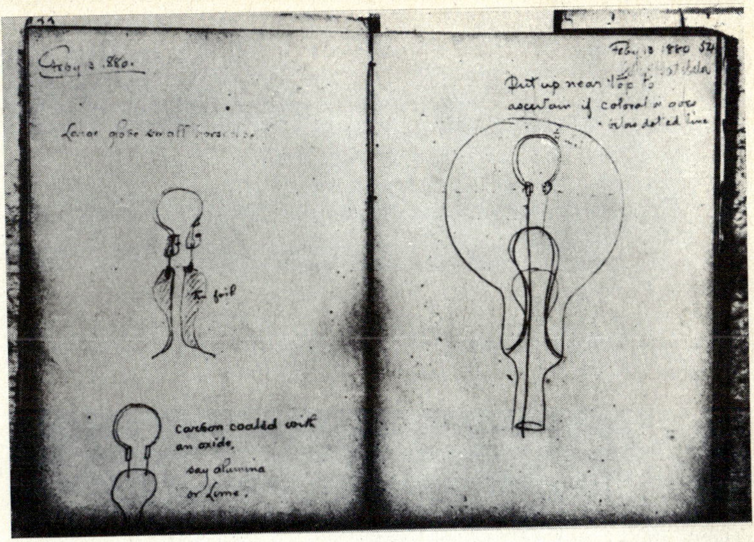

Zwei Seiten aus Edisons Laborjournal, in dem am 13. Februar 1880 die Entdeckung des Edison-Effektes angekündigt wird

war die produktivste seiner Karriere – kulminiert 1883 mit der wissenschaftlichen Entdeckung eines hochinteressanten und bedeutenden physikalischen Effekts:

In einem Laborraum in der Goerck Street nahm Edison Untersuchungen wieder auf, die er schon im Februar 1880 im Laborjournal notiert hatte: Er beobachtete, daß Kohlefadenglühlampen auf der Innenseite der evakuierten Glasbirne schwarz wurden, offenbar durch Kohlenstoffablagerung. Da dadurch die Lebensdauer der Lampen verkürzt wurde, suchte er nach einer Erklärung für die rätselhafte Wanderung von Kohlenstoffpartikeln vom glühenden Kohlefaden zur Glasinnenwand zu finden. Er stellte daraufhin fest, daß die Teilchen nur von dem mit dem negativen Pol der Gleichstrom-gespeisten Lampe verbundenen Glühfadenteil abgestrahlt wurden. Am 5. Juli 1882 entwarf er im Notizbuch eine Glühlampe mit einer eingesetzten Elektrode, welche die Kohlepartikel ablenken sollte, falls sie geladen wären. Ein danach hergestelltes Muster sieht der – später von anderen entwickelten – Zweielektroden-Vakuumröhre (Diode) recht ähnlich. Weitere Untersuchungen im März 1883 bringen die neue und entscheidende Erkenntnis, daß Strom ohne Drahtverbindung durch den luftleeren Raum in der Lampe fließt. Am 15. November 1883 reichte Edison ein darauf basierendes Patent für eine Spannungsregelvorrichtung ein: *Ich habe entdeckt, daß, wenn eine leitende Substanz in den Kolben einer Glühlampe eingelegt und die besagte Substanz außerhalb der Lampe mit einem Anschluß, vorzugsweise dem positiven Anschluß der Glühlampe, verbunden wird, ein Teil des Stromes der leuchtenden Lampe durch den so geschaffenen Nebenschluß fließt, der zum Teil aus einer Vakuumstrecke in der Lampe besteht. Ich stellte fest, daß der fließende Strom proportional zur Glühtemperatur des Leiters oder zur Lichtleistung der Lampe ist.*[107]

Weder Edison noch seine Zeitgenossen wußten damals, daß in seiner primitiven Vakuumröhre Elektronen aus der glühenden Kathode freigesetzt werden, durch das Vakuum zur positiven Elektrode (Anode) fliegen und so den Stromkreis schließen. Die Elektronen selbst, mit denen Edison experimentierte, waren noch unbekannt. Erst 1897 konnte sie der britische Physiker J. J. Thomson nach Untersuchungen des Edison-Effektes nachweisen.

Die Edison-Effekt-Lampe war das erste elektronische Gerät; Edison wurde daher «der Vater der Elektronik»[107] genannt. Niemand konnte die spätere Bedeutung dieser Entdeckung für die Radioröhre, das Fernsehen, das Radar und viele andere elektronische Apparate ahnen. Edison suchte schon damals nach Anwendungen seiner Glühkathodenröhre. Der Einsatz als Anzeigevorrichtung für Spannungsänderungen von Glühfäden in Glühlampen zeigt, daß er die Eigenschaften der Elektronenröhre erkannt hatte.

Der Edison-Effekt wurde von der Wissenschaft mit Interesse aufgenommen: Seine ehemaligen Gegner, Professor Edwin J. Houston und Sir William H. Preece, deuteten sich eröffnende Möglichkeiten an; allgemein war man verwundert, daß Strom offenbar durch ein Vakuum fließen könne. Schon 1888 entwickelte Fleming daraus einen Gleichrichter, das heißt ein Gerät zur Umwandlung von Wechselstrom in Gleichstrom. Wenige Jahre später (1906) erweiterte der amerikanische Ingenieur Lee De Forest die Zwei- zur Dreielektrodenröhre, der Triode, mit der Radiosignale gleichgerichtet und verstärkt werden konnten.

Edison verlor bald das Interesse an der Glühkathodenlampe, nicht jedoch an «Fernwirkungen» in nicht geschlossenen Stromkreisen. Mit Induktionsspulen hatte er schon 1880 in Menlo Park telegraphische Signale über 200 Meter Entfernung übertragen; Morse hatte bereits in den vierziger Jahren die Möglichkeit aufgezeigt. Zusammen mit Ezra T. Gilliland, einem Freund aus seiner Telegraphistenzeit, entwickelte er in der Goerck Street einen Zugtelegraphen mit dem Spitznamen «Grashüpfer», der am 14. Mai 1885 als Patent eingereicht wurde. Mit diesem Apparat konnte ein im Zug Reisender telegraphische Mitteilungen aufgeben und empfangen. Dazu war eine eigene Telegraphenleitung entlang der Schienen in Waggonhöhe erforderlich. Die Übertragung der Signale – Hochton-Summtöne von kurzer und langer Dauer – vom Zug auf die 10 bis 16 Meter entfernte Telegraphenleitung geschah über Induktionsspulen im Zug und in den Telegraphenbüros auf der Strecke. Auf diese Weise gelang es, Nachrichten über einige Meter Entfernung ohne Leitungsverbindung induktiv zu übertragen.

Auch andere Techniker und Wissenschaftler untersuchten Anfang der achtziger Jahre die drahtlose, induktive Telegraphie. Edison war bei der Anwendung am weitesten: Durch Entladungen einer Induktionsspule über eine Metallplatte, die sich an der Spitze eines 1885 entwickelten 30 Meter hohen Sendemastes befand, wurden in einem bis zu 5 Kilometer entfernten Empfängermasten Signale induziert, die durch Klicken im Kreide-Telephonhörer nachweisbar waren. In dem Zugtelegraphen-Patent wird vorgeschlagen, auf diese Weise Nachrichten zwischen Schiffen über die Schiffsmasten auszutauschen.

Obwohl Edison drei wichtige Erfindungen für die kommende Zeit der drahtlosen Radiowellen-Funkverbindungen gemacht hatte, das Mikrophon, die Edison-Effekt-Lampe und den Antennenmast, waren der Zug- und Schiffstelegraph doch keine echten Vorläufer der Radiotelegraphie; sie wurde erst einige Jahre später durch die Entdeckung der elektromagnetischen Radiowellen ermöglicht und von Marconi entwickelt, dessen Firma 1903 die Patentrechte von Edisons Zugtelegraphen und Antennenmast kaufte.

Das Leben Edisons hatte sich bisher großteils – in der Regel achtzehn Stunden täglich – im Labor abgespielt, weniger in der Familie als mit seinen führenden Mitarbeitern, zu denen Insull und Gilliland als ständige Vertraute hinzugekommen waren. Während der Einführung der Beleuchtungsanlagen war er oft wochenlang nicht zu Hause. Als er sich einmal nachts ins Haus schlich, hätte ihn seine Frau, die ihn für einen Einbrecher hielt, fast erschossen. Mrs. Edison hatte sich daran gewöhnt, daß er sich mit der verschmutzten Arbeitskleidung mitten auf Steppdecke und Paradekissen legte[108]. Es war nicht einfach für sie, mit einem der bekanntesten Amerikaner verheiratet zu sein. Sie blieb trotz des Reichtums und des Ruhms eine gute, schlichte, zurückhaltende Frau, die deswegen sehr geachtet wurde. Im Labor erschien sie nur selten. Schon in Menlo Park hatte sie einen Kutscher, zwei Neger-Diener, Pferdestall und Gartenhaus.

Edison hatte ein etwas zwiespältiges Verhältnis zu Frauen; zum einen glaubte er an ihre geistige Unterlegenheit: *Es ist sehr schwer, einer Frau eine Tatsache zu erklären. Die Frauen als Klasse neigen zur Dickköpfigkeit. Sie gehen nicht gern von althergebrachten Vorstellungen ab.*[109] Der üblicherweise ungehobelte Edison konnte sich aber auch aufmerksam und galant geben. Er leistete es sich jetzt, seiner Frau ab und zu kostbare Geschenke zu kaufen. Zu seiner Enttäuschung interessierten sich seine Kinder weniger leidenschaftlich für technische Dinge, der älteste Sohn Tommy war überdies zart und kränkelnd. Die Kinder berichteten später, daß ihr Vater sowohl liebevoll und zum Spielen aufgelegt sein, aber auch – unbewußt – grausame Späße treiben konnte: Er warf den Kindern Feuerwerkskörper um die Beine, drehte bei einer Geburtstagsfeier die Lampen aus. Mit der Tochter, von der er nicht erwartete, daß sie seine Laufbahn einschlagen sollte, ging er liebevoller um. Meist war er jedoch nicht da.

Mrs. Mary Edison, die ihren Kindern gegenüber sehr nachsichtig war, zog 1881 gern von Menlo Park nach New York um. Das Haus in Menlo

Park diente von da an als Sommerhaus. Zu den Parties, die Mary gab, erschien ihr Mann nie. Die Einsamkeit mag dazu beigetragen haben, daß sie sich vernachlässigte; von vielen Süßigkeiten wurde sie dicker und dikker.

Im Winter 1883/84 machten die Edisons Urlaub im nördlichen Florida, von da an jährlich einige Wochen. Er konnte es aber nicht lassen, alle paar Stunden Telegramme an Insull durchzugeben.

Im Juli 1884 erkrankte die noch nicht 30 Jahre alte Frau Edisons an Typhus. Trotz ärztlicher Pflege wurde ihr Zustand immer ernster. Edison eilte von New York nach Menlo Park ans Krankenbett. Am Morgen des 9. August 1884 wurde die Tochter Marion von ihrem Vater geweckt, der die Nacht über gewacht hatte: «Ich fand ihn vor Kummer zitternd, er weinte und schluchzte so sehr, daß er mir kaum sagen konnte, daß Mutter in der Nacht gestorben war.»[110]

Der Siebenunddreißigjährige vergrub sich in die Arbeit. Er war jetzt ein reicher Mann, Millionär, Leiter großer industrieller Unternehmen. Seine Einstellung zum Leben und sein Lebensstil änderten sich zwangsläufig, zumal unter dem Einfluß neuer Bekannter. Nach dem Verlust seiner Frau brachte Edison seine beiden Söhne Tom und Will mit ihrer Tante Alice in Menlo Park unter, wohin er nur noch selten kam. Da er ein Vorurteil gegen formale und akademische Bildung hatte, dachte er ihnen einen handfesten Handwerksberuf zu. Um seine Tochter Marion, die ein Internat in New York besuchte, kümmerte er sich mehr.

Brief Edisons vom 30. September 1885 an seinen zukünftigen Schwiegervater Mr. Miller, in dem er um die Hand der Tochter Mina anhält

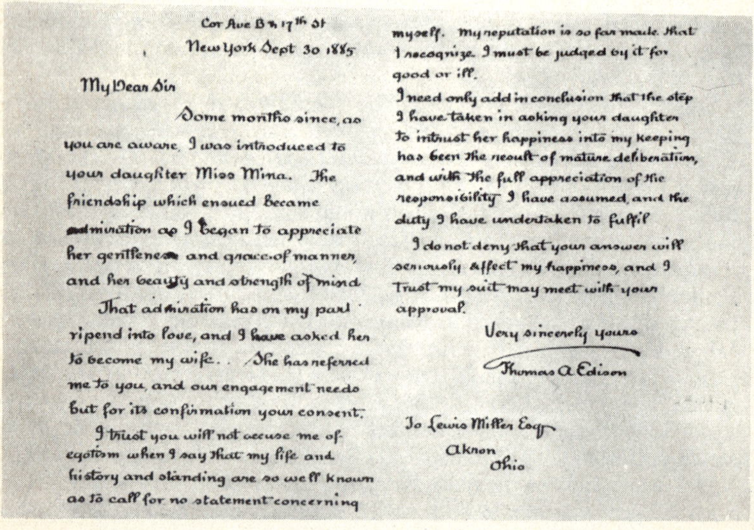

Cor Ave B & 17th St
New York Sept 30 1885

My Dear Sir

Some months since, as you are aware, I was introduced to your daughter Miss Mina. The friendship which ensued became admiration as I began to appreciate her gentleness and grace of manner, and her beauty and strength of mind.

That admiration has on my part ripend into love, and I have asked her to become my wife. She has referred me to you, and our engagement needs but for its confirmation your consent.

I trust you will not accuse me of egotism when I say that my life and history and standing are so well known as to call for no statement concerning myself. My reputation is so far made that I recognize I must be judged by it for good or ill.

I need only add in conclusion that the step I have taken in asking your daughter to intrust her happiness into my keeping has been the result of mature deliberation, and with the full appreciation of the responsibility I have assumed, and the duty I have undertaken to fulfil.

I do not deny that your answer will seriously affect my happiness, and I trust my suit may meet with your approval.

Very sincerely yours

Thomas A Edison

To Lewis Miller Esqr
Akron
Ohio

Sein Bekanntenkreis veränderte sich: Die Favoritenrolle Johnsons gewann nun der dickliche Gilliland, der zwar in Boston wohnte und dort einträgliche Geschäfte mit Telegraphen und Telephonpatenten machte, aber trotzdem oft nach New York kam, um mit Edison zusammenzuarbeiten. Die schöne und gebildete Frau Gillilands führte in Boston einen stilvollen Salon, in dem Edison sich zwischen seinen Reisen oft und gerne unterhielt. Mit den neuen eleganten Freunden besuchte er, modisch gekleidet, Theatervorstellungen, nahm an Segel- und Angelpartien teil. Offensichtlich fühlte sich Edison bei allem Reichtum einsam und war von dem anscheinend unbeschwerten, fröhlichen Heim der Gillilands beeindruckt und angezogen. Als einer der begehrtesten Witwer Amerikas erhielt er unzählige Briefe unbekannter Frauen, die ihm Herz und Vermögen anboten.

Gillilands luden im Frühjahr 1885 reihenweise heiratsfähige Damen zur Auswahl ein. Eine darunter, die achtzehnjährige Miss Mina Miller, Tochter des Lewis Miller aus Akron, Ohio, eines wohlhabenden Erfinders und Herstellers landwirtschaftlicher Geräte, entflammte Edison leidenschaftlich, ohne daß er sagen konnte, warum: *Fragt mich nichts über die Frauen, ich verstehe sie nicht. Ich versuche es auch gar nicht.*[111]

Mina Miller hatte ein Pensionat in Boston besucht und war gerade von der bei Neureichen üblichen Bildungstour nach Europa zurückgekehrt. Sie galt als «gebildet und ernsthaft, mildtätig und geneigt, an der Sonntagsschule mitzuwirken», als Schönheit mit «dichtem schwarzem Haar und großen, verträumten Augen».[112]

Ihr Vater hatte sich vom Stukkateur zum Schullehrer fortgebildet und war neben seiner Unternehmertätigkeit stark religiös in der Chautauqua-Gesellschaft engagiert. Da Edison allen Religionen respektlos gegenüberstand und überdies der Sohn des Bischofs der Chautauqua-Gesellschaft als Freier für Mina vorgesehen war, gab es gewisse Probleme, die Edison trotz der vielen Arbeit mit neuen Elektrizitätswerken und dem Zugtelegraphen meisterte: *Ich machte ihr per Telegraph den Hof. Die Dame meines Herzens lernte das Morsealphabet, und als sie geben und aufnehmen konnte, verstanden wir uns weitaus besser als mit gesprochenen Worten: wir klopften uns unsere Unterhaltung gegenseitig auf die Hand.*[113]

Im Winter zuvor war Edison in Chicago nach einer Erkältung eine Woche lang so schwer erkrankt, daß Gilliland ihn zu einer Erholungsreise nach Florida überreden konnte. In der Umgebung der kleinen Siedlung Fort Myers mit einer tropisch-exotischen Landschaft erholte er sich, in Begleitung seiner Tochter Marion und der Gillilands, prächtig – nicht ohne den dort vorkommenden 18 Meter hohen Bambus auf seine Eignung für Glühfäden zu untersuchen. Er schwärmte von Mina Millers Qualitäten, der er per Post den Hof machte.

Auf einem gemeinsamen Kutschenausflug durch die White Mountains von New Hampshire sah Marion, was ihr Vater später so beschrieb: *Ich fragte sie in Morsezeichen, ob sie mich heiraten wolle. Das Wort Ja ist telegraphisch ganz leicht zu geben – und sie gab es. Wenn sie es hätte sprechen*

Edison und seine zweite Frau Mina kurz nach der Hochzeit im Jahre 1886

müssen, wäre es ihr vielleicht schwerer gefallen. Niemand merkte irgend etwas von unseren langen Gesprächen . . .[114]

Am 30. September 1885 bat Edison in einem wohlgesetzten Schreiben Mr. Miller um die Hand seiner Tochter. Nach der positiven Antwort bereitete er den Bau zweier nobler Winterhäuser vor – eines davon für die

Gillilands – in Fort Myers in Florida, einschließlich eines neuen großen Laboratoriums und Arbeiterwohnungen.

Edison hatte Mina die Wahl gelassen, im Sommer in der Stadt oder auf dem Land zu leben. Nach der gemeinsamen Besichtigung entschlossen sie sich für den Kauf des von einem ehemaligen Millionär in dem Ort West Orange für 200000 Dollar erbauten schloßartigen Neureichen-Landsitzes «Glenmont», mit vielen Giebeln, Balkonen, Empfangshalle, weiten Wohn- und Nebenräumen, Gewächshäusern und ansehnlichen Ländereien, der Miss Millers Vorstellungen von der Umgebung eines Genies sehr entgegenkam. Selbstverständlich wurde eine eigene Stromversorgung eingebaut.

Auch beim Schmuck für seine Braut scheute der neununddreißigjährige Edison keine Kosten. Offensichtlich sah er einen neuen Lebensabschnitt vor sich, der entsprechend seiner Stellung als angehender Industriekapitän einen neuen großzügigen Lebensstil erforderte. Nicht der einfache Forscher war nun sein Leitbild, sondern mehr die expansionsbestrebten Industriebosse seiner Zeit wie Rockefeller und Carnegie. Beim Blick aus einem Fenster von Glenmont sagte er: *Sehen Sie das Tal dort? ... Ich werde es noch schöner machen. Ich werde dort eine Fabrik neben die andere stellen.*[115] Von diesem neuen Geist waren auch seine Pläne für ein weiteres neues Forschungs- und Entwicklungslaboratorium beflügelt, das er in West Orange etwa ein Kilometer von Glenmont entfernt als großzügigen Ersatz für das Menlo Park-Labor errichten wollte.

Nach einem Junggesellenabschieds-Bankett in New York mit Johnson, Batchelor und anderen Mitarbeitern fand am 24. Februar 1886 die prachtvoll gestaltete Hochzeitsfeier im großen Haus der Millers in Akron unter großem öffentlichem Aufsehen statt. Vor der Abfahrt des jungen Paares nach Florida mit dem Zug jubelten die Menschen in den Straßen der bekannten Schönheit und dem weltberühmten Erfinder zu. Zum erstenmal in seinem Leben ließ er drei Wochen lang nichts von sich hören.

Seit Jahren gab es Differenzen zwischen Edison und seinen Geldgebern einschließlich der Direktoren der Edison-Gesellschaften. Obwohl sich Pierpont Morgan prinzipiell sehr für die neue elektrische Industrie interessierte, fand er sie noch zu klein und zu wenig profitabel; Edisons Expansionspolitik und Enthusiasmus waren ihm und den anderen Geldleuten zu progressiv. Sie weigerten sich strikt, neue Elektroprojekte zu finanzieren; er solle «langsam machen». Edison war schon 1883 gezwungen, das Dreileiterprojekt in Sunbury, Pennsylvania, mit eigenem Kapital zu finanzieren. Auch zur Finanzierung der Lampen und Generatorenfabriken mußte Edison Anteile an der Edison Electric Light Company verkaufen. Als die Firmen schließlich Gewinne abzuwerfen begannen, hatte Edison seinen Einfluß auf die Gesellschaft, der die Lichtpatente gehörten, verloren. Während Morgan Edison bescheidene Kredite von einigen tausend Dollar ausschlug, steckte er Millionen in die mit sicherem Gewinn arbeitenden Eisenbahnunternehmen New York Central und Great Northern. Nur Henry Villard schien «an das Licht zu glauben». Als er 1884 durch

Edisons Sommersitz «Glenmont» in West Orange

Konkurs in Not geraten war, gab ihm Edison die Summe von 40000 Dollar wieder zurück, die er für Entwicklungsarbeiten an der elektrischen Eisenbahn erhalten hatte. Villard begann in Europa eine neue Karriere, indem er deutsche Bankleute für Investitionen in die amerikanischen Edison-Gesellschaften gewann.

Anders als Edison war die Mehrzahl der Direktoren der Ansicht, daß kleine Städte das Kapital für lokale Kraftwerke selbst aufbringen sollten. Edison war mit der konservativen Gruppe der Direktoren, darunter Präsident Eaton, der *herumstolzierte wie ein Großmogul*[116], und Grosvenor Lowrey, nicht einverstanden. Zu der anderen Partei in seiner Organisation, «zu der auch der Erfinder gehört, energiegeladen und willens, Geld auszugeben, damit auch wieder Geld hereinkommt ...»[117], gehörte Edward H. Johnson, der nach Edisons Forderung Major Eaton als Präsident ablösen sollte. Zwei weitere Streitpunkte trugen dazu bei, daß sich der Kampf zwischen den Aktienbesitzern im Sommer 1884 zuspitzte: Der eine waren Edisons zwanglose und unorthodoxe Geschäftsmethoden. Seine «übliche Verachtung der Buchführung»[118] hatte zur Folge, daß er Ausgaben ohne Zustimmung der zuständigen Angestellten tätigte und auf Rechnungsbelege keinen Wert legte. Einmal hatte er auf eigene Verantwortung einen neuen Manager für das New Yorker Kraftwerk eingestellt und ihm bei erfolgreicher Tätigkeit 10000 Dollar versprochen. Schlimmer wirken aus heutiger Sicht Bestechungsversuche an Abgeordneten von New Jersey durch Agenten mit je 1000 Dollar, *zahlbar nach Verabschiedung des Gesetzes*[118] über das elektrische Beleuchtungswesen, welche die oberflächliche politische Moral jener Zeit widerspiegeln.

Erhebliche Differenzen verursachten schließlich auch die starken Interessenüberschneidungen zwischen den diversen Edison-Firmen. Die Dachorganisation «Edison Electric Light Company» – im Besitz der Patente, des New Yorker Kraftwerks und der Isolated Lighting Company – erhielt Tantiemen für die von den Zubehör-Herstellungsfirmen – in den Händen von Edison und den Mitarbeitern Johnson, Batchelor, Upton und Bergmann – an sie und deren Lizenznehmer gelieferten Produkte.

Wenn wie im Falle der Glühlampe, die für einen Dollar Endpreis verkauft wurde, der vertraglich festgelegte Abnahmepreis durch die Muttergesellschaft – von anfangs 35 Cents pro Stück – im Laufe der Jahre durch Senkung der Herstellungskosten und hohe Verkaufszahlen unterlaufen werden konnte, so war dies ein einträgliches Geschäft für die Edison gehörende Lamp Company. Die Mutterfirma verlangte daraufhin eine Senkung des Großhandelspreises oder, wie im Frühjahr 1884, «einen angemessenen Anteil und großen Einfluß auf das Fertigungsgeschäft» durch Aktientausch. Edison und seine Mitarbeiter waren wütend: Sie hatten die Herstellungsbetriebe, die inzwischen ihren Lebensunterhalt darstellten, als Pionierunternehmen, meist unter anfänglichen Verlusten, selbst finanziert und sollten nun, nachdem sich erste Gewinne zeigten, Anteile mit der Muttergesellschaft tauschen, die noch kein regelmäßiges Einkommen bot.

In der entscheidenden Jahresversammlung der Direktoren vom 24. Oktober 1884 konnte sich die Edison-treue Fraktion durchsetzen; allerdings hatte sich Edison die meisten Direktoren zu persönlichen Feinden gemacht, einschließlich seines ehemaligen Gönners Lowrey, der aus dem Direktorium ausscheiden mußte. Im Herbst wurde mit einer Lichterparade in der Fifth Avenue Ed Johnsons Einzug ins Präsidium gefeiert.

Unter Johnson kam nun neuer Schwung in die Edison-Organisation. Ein mit Glühlampen ausgestatteter Reklametänzer mit dem Spitznamen «Edison Darky» wurde auf Ausstellungen und Jahrmärkte geschickt. Prozesse gegen Verletzer des Edison-Glühlampen-Patents wurden eingeleitet und gewonnen. Johnson ließ 1886 erstmals das Pearl Street-Werk erweitern und zwei neue Kraftwerke an der 26th und 39th Street bauen. Im Herbst 1885 mußten die Edison-Herstellungsbetriebe in größere Fabriken nach Harrison, New Jersey, verlegt werden. Die Glühlampe konnte 1885 bei einer Stückzahl von 139000 für 30 Cents produziert werden. Edison erkannte die Möglichkeiten der Massenproduktion; Ende der achtziger Jahre wurden seiner Voraussage entsprechend fast eine Million Lampen für 22 Cents das Stück hergestellt.

Edisons ehemaliger Mechaniker Sigmund Bergmann führte die Zubehörfirma Bergmann & Co., an der Edison zu einem Drittel beteiligt war, sehr erfolgreich; die Produktionspalette wurde in kurzer Zeit stark erweitert. In der großen Maschinenfabrik an der Goerck Street, die die schweren und teureren Apparaturen herstellte und anfangs wegen des erforderlichen Kapitals Schwierigkeiten hatte, arbeiteten schon 800 Beschäftigte. 1886 bewerkstelligten 800 Transportarbeiter den Umzug der zu klein gewordenen Edison-Maschinenwerke von New York City auf ein wesentlich größeres Gelände einer verlassenen Lokomotivenfabrik nach Schenectady im Staate New York, das weit unter Preis, für 37500 Dollar erworben werden konnte. Die Werke mit ihren charakteristischen «Fabrikkathedralen», in denen große Kräne arbeiten konnten, wuchsen mit unglaublichem Tempo.

Die Umsätze der Isolated Lighting Company stiegen seit 1885 sprunghaft. Johnson stellte Verkäufer wie Sidney Paine an, die Beleuchtungsanlagen zum Beispiel an Textilunternehmen verkauften. Das erste Aufleuchten der Edison-Lampen in den düsteren Fabriken und Städten war jedesmal eine lokale Sensation, und es wurde berichtet, daß sich die Fabrikarbeiter in dem offenbar aufmunternden Licht wohler fühlten.

Im Oktober 1886 zählte die gesamte Edison-Organisation mit ihrem Vermögen von etwa 10 Millionen Dollar zu den großen Unternehmen ihrer Zeit. Über 500 Kleinkraftwerke waren – über das ganze Land der USA verteilt – in Betrieb. Hinzu kamen weit über 50 Zentralkraftwerke in großen Städten der USA und entsprechende nach Europa, Südamerika und Japan verkaufte Anlagen. Man war allgemein begeistert von der Nützlichkeit und Bequemlichkeit der Kohlefaden-Glühlampe Edisons. Seine Unternehmen waren nun in der Hochkonjunktur der späten achtziger Jahre so erfolgreich, die Gelder flossen so stetig, daß er sich von den reinen Geschäftsbelangen zurückziehen und neuen Aufgaben zuwenden konnte.

Das Laboratorium in West Orange (ab 1887)

1887 entstand an der Hauptstraße von West Orange das größte und perfekteste private Forschungslabor der Welt, zehnmal so groß wie das erste in Menlo Park, *für schnelle billige Entwicklung einer Erfindung, bis sie kommerziell brauchbar gemacht ist... Wir gießen selbst, schmieden selbst. Können alles bauen, von der Damenarmbanduhr bis zur Lokomotive ...*[119] Das Hauptgebäude war ein dreistöckiger Ziegelbau von 76 Meter Länge. Vier einstöckige Nebengebäude bildeten damit ein Viereck. Im Hauptgebäude waren eine riesige Bibliothek mit 10000 Bänden, einer Mineralien- und Chemikaliensammlung, Edisons riesigem Schreibtisch sowie ein großes Büro, Maschinenwerkstätten, Motorenraum, Elektrolabor, Vorratslager untergebracht. Drahtzaun und Wachtposten schützten das später Efeu-überwucherte Gebäude vor ungebetenen Gästen.

Auch der Mitarbeiterstab – 45 bis 60 Personen – war entschieden vergrößert worden, vor allem ergänzt durch wissenschaftliche Experten wie Dr. A. E. Kennelly und den Chemiker Dr. J. W. Aylsworth, technische Zeichner usw. Die Abteilungsleiter mußten Edison jeden Morgen – nachdem er die Post durchgesehen hatte – einzeln über den Fortgang der Arbeiten berichten. Außerdem ging er gewöhnlich wenigstens einmal durch die Abteilungen. Manchmal flüchtete er in einen abgelegenen Raum, um in Ruhe selbst experimentieren zu können. Oberstes Ziel war: ... *praktische Dinge* zu erfinden, die *jeder Mann, jede Frau und jedes Kind der Welt sich wünschen und zu einem annehmbaren Preis kaufen würden*[120]. Trotz der neuen gigantischen Privatlaboratorien sollte es Edison aber nicht glücken, die in dem bescheidenen hölzernen Menlo Park-Laboratorium hervorgebrachten Erfindungen an Originalität und Bedeutung zu übertreffen.

Edisons Forschungszentrum und seine Methode, das Erfinden systematisch zu betreiben, wurden bald nachgeahmt.

Das technische Lieblingskind Edisons, der Phonograph, war inzwischen, obwohl er keine kommerzielle Rolle mehr spielte, von dem Chemiker Chichester Bell, einem Vetter Alexander Bells, und dem Techniker C. S. Tainter in einer Patentanmeldung 1885 etwas verbessert worden. Die Stanniolfolie Edisons war nun durch einen Wachszylinder ersetzt, in den eine locker montierte Nadel eine Rille einschnitt. Trotz der geringfügigen Änderungen war der Klang des Bellschen Graphophons eindeutig

Edisons 1887 errichtetes zweites Forschungslaboratorium in West Orange. Heute Teil der «Edison National Historic Site», New Jersey

besser. Auf ein Angebot Bells und Tainters, das Gerät unter Edisons Führung gemeinsam weiterzuentwickeln, reagierte er am 1. August wütend: *Will mit denen nichts zu tun haben! Sind die reinsten Piraten ... Habe begonnen, den Phonographen zu verbessern. Edison.*[121] Fast zwei Jahre lang arbeitete er danach vor allem am Phonographen. Endlich konnte er wieder, wie seine Ingenieure zu sagen pflegten, «mit dem Bauch am Zeichentisch» stehen.

Edison verwandte nun einen Hohlzylinder aus einer Wachsmischung mit 6 Millimeter dicken Wänden, der engere Rillenabstände und Rillentiefen von nur 0,025 Millimeter zuließ. Die Rillen konnten mit einer mitgelieferten Abziehklinge leicht beseitigt werden, wonach eine neue Aufnahme möglich war. Die ehemalige Nadel war nun durch einen relativ stumpfen Saphirstift ersetzt, dessen Auflagedruck durch ein «schwebendes Gewicht» – wie heute noch in Stereoanlagen – gering gehalten wurde. Seine Taubheit war für Edison kein Hinderungsgrund: Er legte das rechte Ohr, mit dem er begrenzt hören konnte, direkt an den Wiedergabetrichter oder biß in den Horntrichter, um die Tonschwingungen über die Kieferknochen zu übertragen. Dabei sagte er trocken: *Man muß taub sein, um hören zu können.*[122]

Die Verbesserung des Phonographen erwies sich als mühsam. Die Konkurrenz drohte zuvorzukommen. Im Oktober 1887 kündigte Edison in der Presse an, daß der neue Phonograph in zwei Wochen fertig sein würde. Aber erst im Frühjahr 1888 war das Gerät so weit verbessert, daß er eine Vorführung vor einer Gruppe von Finanziers – darunter Seligmann von der wichtigen New Yorker Bank gleichen Namens – arrangierte, um Kapital für eine Herstellungsfirma locker zu machen. Da John Ott ohne Wissen Edisons noch einige Änderungen an dem zuvor gut funktionierenden Phonographen vorgenommen hatte, geriet die Vorführung zum Fiasko: Anstatt die Einführungsrede Edisons wiederzugeben, in der er die zukünftige Anwendung und die Verkaufsaussichten in rosigen Farben geschildert hatte, zischte das Gerät nur wie zum Hohn. Die Finanziers kamen nie wieder.

Edison scheint als erster so berühmte Künstler wie den Pianisten Hans von Bülow oder den klavierspielenden Wunderknaben Josef Hofmann mit dem – verbesserten – Phonographen aufgenommen zu haben, obwohl er in ihm eher ein Diktiergerät sah: *Ich will den Phonographen nicht als Mittel zur Unterhaltung verkaufen. Er ist kein Spielzeug. Ich will ihn nur für geschäftliche Zwecke verkaufen.*[123] Später wurden aber doch der Nachfrage entsprechend viele Musikwalzen verkauft.

Der Kampf um die neuen Sprechmaschinen spitzte sich zu, als der reiche Trinkgläser-Fabrikant Jesse W. Lippincott im April 1888 das Graphophon-Patent für 200000 Dollar kaufte und seine American Graphophone Company entsprechende Geräte auf den Markt brachte, worauf die Edison-Organisation mit der Klage auf Patentrechtsverletzung drohte. Inzwischen arbeitete Edison gemeinsam mit Ezra Gilliland an einem Motorantrieb und Geschwindigkeitsregler für die damals nur zwei Minuten lang laufende Wachswalze. Gilliland überredete Edison dazu, ihm die Schlüsselposition als Hauptgeschäftsführer zu versprechen. Gillilands Freund Tomlinson, Lowreys Nachfolger als persönlicher Anwalt Edisons, machte den Vertrag rechtsgültig.

Im Juni schloß sich Edison mit seinen alten Mitarbeitern im West Orange-Labor ein, um letzte Verbesserungen am Phonographen – vor allem bei der Tonwiedergabe – anzubringen. Nach 72 schlaflosen Stunden (die Zeitungen berichteten von einer «Fünf-Tage-Wache») war Edison, am 16. Juni 1888, vorläufig zufrieden. Eine berühmte Photographie zeigt ihn um fünf Uhr morgens nach dieser Dauerarbeit mit dem fertiggestellten Phonographen und einem Gesichtsausdruck wie dem Napoleons nach gewonnener Schlacht. Solche Darstellungen Edisons als «Napoleon der Erfinder» wurden bald überall als Reklame für die Edison Phonograph Company verteilt. Hier kam zweifellos Edisons Public-Relations-Talent zum Ausdruck. Er verstand es, kostenlos und äußerst wirksam für seine Produkte zu werben, ein Meister der Selbstdarstellung.

Einige Wochen zuvor, am 31. Mai 1888, war das erste von drei Kindern seiner zweiten Ehefrau zur Welt gekommen; es erhielt den Namen Madelaine. Edison hatte seine Arbeit unterbrochen, danach eilte er zum Phonographen ins Labor. Seiner Frau Mina war inzwischen bewußt geworden, wie wenig sie ihn verändern konnte. Obwohl sie vor der Heirat geahnt hatte, daß es nicht einfach wäre, mit einem der bekanntesten Männer seiner Zeit verheiratet zu sein, war die Realität sicher hart für sie: Er

Edisons mehrstöckige Bibliothek im Hauptbau des neuen Laboratoriums in West Orange

war «schwierig» und ließ sich nicht «lenken». Zu ihrem Leidwesen drückte er sich vor dem gesellschaftlichen Leben, in dem sie aufgewachsen war und das sie so liebte. Meist wartete sie, die in dem großen Haus kaum Ablenkung und fast keine Geselligkeit hatte, vergeblich mit dem Abendessen auf ihn. Trotz ihres eigenen starken Willens akzeptierte sie, daß die Karriere ihres Mannes Vorrang hatte. «Sie haben ja keine Ahnung», sagte sie später, «was es bedeutet, mit einem berühmten Mann verheiratet zu sein!»

Gilliland und Tomlinson hatten erreicht, daß Edison ihnen in der neuen Phonographen-Gesellschaft entscheidende Positionen gab. Johnson und andere alte Labormitarbeiter fühlten sich durch die neuen Günstlinge übergangen und protestierten. Edison sah in Gilliland den aktiven Organisator und Manager, den er als Erfinder brauchte, um die lästigen geschäftlichen Probleme zugunsten der Entwicklungsarbeit vergessen zu können. Hinzu kamen Differenzen Edisons mit dem geschäftstüchtigen Johnson, der als Präsident der Edison Electric Light Company seinen eigenen Vorteil zu mehren wußte: Er betrieb zusammen mit Sprague und unter Nutzung der Edison-Organisation den Verkauf der Spragueschen stationären Fahrstuhlmotoren, die von der Edison-Maschinenfabrik in Schenectady in Lizenz angefertigt wurden. Der Spraguesche Straßenbahnmotor machte der Edison-Field-Gesellschaft Konkurrenz. 1889 wurde Spragues Gesellschaft mit Edisons Herstellungsbetrieben fusioniert.

Das Chemielabor in West Orange

Danach gründete Sprague eine neue Elektrogeräte-Firma. Er hielt Edison für nicht progressiv genug, und Edison meinte, Sprague hätte die alte Gemeinschaft auseinandergebracht. Auch Johnson verließ bald darauf den Edison-Firmenverband.

Edison brauchte neues Kapital zur Herstellung des verbesserten Phonographen; er hoffte, etwa eine Million Dollar für die ausschließliche Patentrechtvergabe zu erhalten. Gilliland, dem er voll vertraute und dessen bezaubernde Frau die engste Freundin seiner eigenen Frau war, und Tomlinson verhandelten mit Lippincott, der die Patentrechte für das «Graphophon» erwerben wollte, um einen Phonographen-Trust zu gründen. Edison erhielt nur 500000 Dollar; Gilliland und Tomlinson verkauften separat auch das Abkommen mit Edison über eine ausschließliche Vertriebsagentur für 50000 Dollar an Lippincott. Es störte Edison nicht, daß Mitarbeiter durch die Zusammenarbeit mit ihm reich wurden.

Nachdem am 31. August 1888 alles geregelt war, reisten Gilliland und Tomlinson mit ihren Familien nach Europa, um dort über den Verkauf der Phonographen-Patentrechte zu verhandeln. Unmittelbar vor der Abreise bat Tomlinson noch um Bargeld für die Reisekosten mit der Begründung, er habe für die viele Arbeit mit den Verträgen nur ein bescheidenes Honorar erhalten. Edison gab ihm großherzig 7000 Dollar. Zehn Tage danach erfuhr Edison von Lippincott, in welch schamloser Weise er hintergangen worden war: Der saubere Freund Gilliland hatte selbst 250000 Dollar «Vermittlungsgebühr» dafür erhalten, daß er von der von Edison gewünschten Million auf 500000 Dollar herabging, und Tomlinson erhielt ein Drittel vom Anteil des Betrügers. Edison war zutiefst verletzt. Er würde *nie wieder jemandem trauen*, woran er sich in Zukunft hielt: Außer mit Henry Ford ließ er sich auch später nicht mehr auf enge Freundschaften ein.

In den Zeitungen wurde Edison später vorgeworfen, er habe «in geschäftlichen Dingen nicht den geringsten Scharfsinn» [124]. Lippincott hatte jedoch offenbar zunächst auch nicht gemerkt, daß die beiden betrügerisch vorgingen; erst hinterher versuchte er durch Bekanntgabe der geheimen Abmachungen um die Auszahlung der ausstehenden Beträge herumzukommen.

Edison löste die Verbindungen zu Gilliland und Tomlinson und forderte die Rückzahlung der unrechtmäßig angeeigneten Gelder. Da sie sich weigerten, kam es im Januar 1889 zum Prozeß, was Edison sehr bedauerte. Die Anwälte konnten in dieser Zeit geschäftlicher Korruption die Vollmachten der ehemaligen Vertrauten als Edisons Beauftragte so darstellen, daß höchstens ein moralisches Vergehen, nicht aber ein Betrug vorliege. Edison gab schließlich den Prozeß auf.

Um entsprechend dem Vertrag an Lippincotts «North American Phonograph Company» viele tausend Phonographen liefern zu können, ließ Edison neben dem West Orange-Labor eine große Fabrik bauen, in der Hunderte von Arbeitern beschäftigt wurden. Eine weitere Fabrik für hölzerne Phonographenschränke entstand in einer Nachbarstadt. Jedoch waren, abgesehen davon, daß die meisten männlichen Stenographen die Diktier-Phonographen boykottierten, weil sie um ihre Stellung bangten, noch zahlreiche betriebsinterne Schwierigkeiten und Probleme mit Konkurrenten zu überwinden. Lippincott verkaufte nicht, wie Edison vorschlug, die Phonographen für ca. 100 Dollar pro Stück, sondern ließ sie in Nachahmung der erfolgreichen Bell Telephone Company durch örtliche Händler – für 40 bis 60 Dollar jährlich – vermieten. Lippincott war der Sache so wenig gewachsen, daß Edison ihm schrieb: *Ich werde einen Bauingenieur mit einem Theodoliten zu Ihnen schicken, der einmal nachprüfen soll, ob Ihr Kopf wirklich gerade sitzt.* [125]

Kurz vor dem Bankrott erlitt Lippincott einen Schlaganfall. Edison war der größte Gläubiger, da er für Tausende gelieferter Phonographen kein Geld erhalten hatte. Als Hauptaktionär und eigentlicher Chef der Northern American Phonograph Company ließ er 1894 das ruinierte Unternehmen in Konkurs gehen und erhielt damit die Patentrechte zurück.

Edison nahm nun das Phonographengeschäft selbst in die Hand. Er hatte inzwischen erkannt, daß es doch einen Markt für einen preiswerten Phonographen zur musikalischen Unterhaltung gab. Denn schon vor Jahren hatte einer der wenigen erfolgreichen Einzelhändler der North American Phonograph Company, die Columbia Phonograph Company in Washington, D. C., der Vorgänger der Columbia Broadcasting Company, außer den noch reparaturanfälligen Diktiergeräten einen Massenmarkt für vervielfältigte Zylinderaufnahmen mit Unterhaltungsmusik

Edison nach der berühmten «Zweiundsiebzig-Stunden-Schicht» am 16. Juni 1888, um 5 Uhr morgens.

aufgebaut. Kurz vor Auslaufen des Phonographen-Grundpatents in den neunziger Jahren wurden Konkurrenzgeräte auf den Markt gebracht. Emile Berliner hatte eine Schallplatte als Tonträger entwickelt, deren Rillen statt Auf- und Abbewegungen der Abnahmenadel seitlich auslenkend verliefen: das englische «Grammophon» war Vorläufer von «Victors Sprechmaschine», dessen Markenzeichen der treue Hund war, welcher der Stimme seines Herrn lauscht.

Trotz der Sorgen im Phonographen-Geschäft entwickelte Edison andere Projekte weiter: 1888 meldete er eine verbesserte Glühlampe mit einem Glühfaden aus «gespritzter» (gesponnener), chemisch behandelter Zellulose an Stelle des Bambusfadens an. Kurz danach war er mit einer Bergbaumaschine beschäftigt. Anfang 1889 fühlte er sich aber doch so erschöpft, daß seine Frau ihn zu einem längeren Urlaub einschließlich einer Europa-Reise – mit Besuch der Weltausstellung in Paris – überreden konnte. Am 3. August 1889 schifften sie sich nach Le Havre ein, mit dem Zug gelangten sie – von Menschenansammlungen umjubelt und von Regierungsdelegationen willkommen geheißen – nach Paris, wo sie zehn Tage blieben.

Der Edison-Ausstellungsstand – ein ganzer Trakt des Ausstellungsgeländes – war von Mitarbeitern Edisons unter William J. Hammer monatelang vorbereitet worden: eine komplette Beleuchtungszentrale mit «Lichtfontänen» und der Hauptattraktion, dem Phonographen, der von ca. 30000 Menschen bewundert wurde.

Die Europa-Reise geriet zum Triumphzug. Seine 22 Jahre junge Frau genoß den gesellschaftlichen Glanz der öffentlichen Ehrungen, mit denen Edison überschüttet wurde. Ihn ermüdeten die vielen Festessen, Zere-

Aufnahme eines Klavierstücks mit dem Phonographen von 1889

Der Edison-Stand auf der Pariser Weltausstellung von 1889

monielle und der Pomp; er konnte ja auch nichts hören. Er lehnte es ab, die erhaltenen Auszeichnungen anzustecken. König Umberto hatte ihn zum Großoffizier der Krone von Italien ernannt. Präsident Sadi Carnot empfing ihn im Élysée-Palast und ernannte ihn zum Kommandeur der Französischen Ehrenlegion. «Edison ist ein König der intellektuellen Republik; die ganze Menschheit ist ihm zu Dank verpflichtet!» hieß es bei einem Bankett.

Als Gast des Staatspräsidenten in einer Loge der Pariser Oper spielte das Orchester die amerikanische Nationalhymne, das jubelnde Publikum wollte Edison reden hören. Sichtlich bewegt erhob er sich, verbeugte sich und setzte sich, ohne ein Wort gesagt zu haben, wieder hin.

Die Kunstschätze des Louvre gefielen ihm weniger als die Malerei des 19. Jahrhunderts und der Impressionisten; sein Urteil ist ebenso ehrlich wie falsch: *Für mich sind die alten Meister nicht Kunst. Ihr Wert liegt in ihrer Seltenheit und in der Eitelkeit von Menschen mit viel Geld.*[126]

In Paris traf er auch seine damals siebzehnjährige Tochter Marion, die in Genf studierte und in ihren Ansichten keinesfalls mit ihrer Stiefmutter übereinstimmte.

Als Gast des Ingenieurs Gustave Eiffel nahm Edison an einem Essen auf dem Eiffelturm teil. Mit dem in Paris gastierenden Buffalo Bill drehte er eine Ehrenrunde in der Kutsche, verfolgt von mit Platzpatronen schießenden Show-Rothäuten. Im Pasteur-Institut begegnete er Louis Pasteur, vor dem er große Hochachtung hatte. In Berlin sprach er mit dem

Das Foyer der Pariser Oper, mit Edison-Lampen beleuchtet (1882)

Physiker Hermann von Helmholtz; mit Werner von Siemens, dem berühmten deutschen Erfinder auf dem Gebiet der Elektrizität, fuhr er im privaten Eisenbahnabteil von Berlin nach Heidelberg.

Im September besichtigte er in London das Edison-Zentralkraftwerk am Holborn Viadukt, das mit Hundertzehn-Volt-Gleichstromgeneratoren betrieben wurde. Während Edison die Meinung äußerte, daß nur Gleichstrom für die Elektrizitätsverteilung in Frage komme, baute S. Z. Ferranti, den er in London traf, gerade Wechselstromdynamos für bis zu 15000 Volt, die im Gegensatz zu Edisons Verteilungssystem eine Versorgung über große Entfernungen ermöglichten.

Nach zweimonatiger Reise traf Edison am 6. Oktober 1889 wieder in New York ein. In West Orange hatten Batchelor und W. K. L. Dickson während seiner Abwesenheit eine schon früher gemeinsam mit ihm begonnene Entwicklung weitergeführt: In dem «Studio», einem kleinen neuen Gebäude auf dem Laboratoriumsgelände, setzte Dickson einen mit einem Phonographen verbundenen Apparat in Gang, der auf eine Leinwand verschwommen und flimmernd Dickson selbst projizierte: er «trat heraus auf die Leinwand, zog den Hut, lächelte und sprach die Grußworte: ‹Guten Morgen, Mr. Edison, freut mich, daß Sie wieder da sind. Ich hoffe, Sie sind mit dem Kineto-Phonographen zufrieden.›» Die erste Filmvorführung war also kein Stumm-, sondern ein Tonfilm. Voraussetzung war die Entwicklung einer Filmkamera durch Edison gewesen.

Edison mit seiner zweiten Frau Mina während ihrer Europa-Reise auf dem Rennplatz in der Freudenau bei Wien

Der Industrielle Edison

1888 gehörte Edison – der damals zwei- bis dreitausend Menschen beschäftigte – zu Amerikas führenden Industriellen. Abgesehen von finanziellen und wissenschaftlichen Problemen sowie Schwierigkeiten mit Konkurrenten hatte er als Geschäftsmann auch Auseinandersetzungen mit Arbeitnehmern zu lösen. Er gab sich allgemein als rechtschaffener, etwas altmodischer Unternehmer, der es als Selbstverständlichkeit betrachtete, daß seine Arbeiter ihm nacheiferten, das heißt elf Stunden unter Hochdruck arbeiteten. 1884 bis 1887 wurden die Arbeiter in den USA unruhig, die erste amerikanische Gewerkschaft, die «Knights of Labor» kämpfte um den Zehn-Stunden-Tag und höhere Löhne. Edison, der Durchschnittslöhne und zusätzlich Leistungsprämien zahlte, mochte die Gewerkschaften nicht. Als er beispielsweise für das Einschmelzen des Glühfadens in die Lampen 80 Arbeiter mehrere Monate lang hatte speziell ausbilden lassen, *wurden sie sehr aufsässig*[127]. Kurzerhand mechanisierte er den Vorgang mit neu erdachten Maschinen und feuerte den Anführer.

Der Verlegung der gesamten Edison-Maschinenfabrik von New York nach Schenectady ging gleichfalls ein Arbeitskampf voraus: *Es scheint, daß ich einen ziemlichen Hang zum Sozialismus habe, und ich erhöhte den Lohn der Arbeiter um 25 Cent (pro Tag) ... Aber die Leute dachten, sie könnten uns unter Druck setzen und noch mehr herausschlagen, da sie uns als leichte Beute betrachteten. Sie streikten in einer Zeit wechselnder Konjunktur. Wir waren knapp an Geld für die Lohnauszahlung ... Als dann die Leute streikten, wählten sie eine Abordnung, die mit uns verhandeln sollte. Aber zwei Wochen lang konnten sie uns nicht finden. Schließlich sagten sie, sie würden gerne wieder anfangen. Wir sagten: Einverstanden! ... Als sie wieder in die Fabriken in der Goerck Street kamen, fanden sie dort keine Maschinen mehr vor.*[128]

Tatsächlich glaubte sich Edison oft am Rande des Ruins, denn die Elektroindustrie wuchs rascher, als Kapital zur Verfügung stand. So benötigte er 1886 zur Erfüllung von Aufträgen 200000 Dollar allein für Kupfer, das ihm zu seiner Erleichterung auf Kredit geliefert wurde. 1891 waren Edisons Betriebe mit vier Millionen Dollar belastet; da das flüssige Betriebskapital verbraucht war, hatten sie Schwierigkeiten, ihre Rechnungen zu begleichen. Insull erwies sich jedoch immer wieder als versiert im Geldbeschaffen.

Ab 1885 begannen eine Reihe von Konkurrenzunternehmen, die sich rigoros über Edisons Ansprüche hinwegsetzten, mit dem Vertrieb ähnlicher elektrischer Erzeugnisse, allen voran die neugegründete Thomson-Houston-Gesellschaft in Lynn/Massachusetts. Die Edison-Gesellschaft begann 1885 gegen Patentverletzungen zu klagen. Nachdem das Bundesgericht in St. Louis Edisons Prioritätsanspruch mit dünner Begründung abgewiesen hatte, zog sich das Berufungsverfahren in der nächsten Instanz noch drei Jahre hin. 1886 kam George Westinghouse als Herr über die Sawyer-Man-Patente besitzende United States Electric und die Westinghouse-Electrical & Manufacturing Company als aggressiver Konkurrent hinzu, wodurch sich der berühmte «Kohlefadenprozeß» unter großem finanziellem Aufwand als Dreifrontenkrieg von 1885 bis 1892 weiterschleppte. Die endgültige Anerkennung der Priorität von Edisons Schlüsselerfindungen war in der Tat gewichtig: Die «Patentpiraten» hatten alle Patente, die nicht Edison gehörten, aufgekauft; 1889 war die Thomson-Houston-Gruppe nach Edison der zweitgrößte Elektrokonzern, der innerhalb von fünf Jahren seit Beginn 870 Zentralkraftwerke geliefert hatte, mehr als Edison, der allerdings mehr anderes Gerät produzierte. Solange der Prozeß andauerte, konnten die Rivalen ungestört verkaufen. Westinghouse, der die Glühlampe schon in Menlo Park besichtigt hatte, war so unverfroren, damit zu werben, daß sich das Nachahmen von Edisons Produkten vorteilhaft auf den Kaufpreis auswirke.

Während der «Kohlefadenkrieg» tobte, beschloß die Edison Company, der von Westinghouse propagierten aufkommenden Wechselstromtechnik einen Schlag zu versetzen, indem sie deren damalige Gefährlichkeit gegenüber der erwiesenen Ungefährlichkeit des Edisonschen Hundertzehn-Volt-Gleichstromsystems herausstellte. Westinghouse erkannte allerdings die überlegenen Möglichkeiten, elektrische Energie mit geringen Verlusten über viele Kilometer lange Hochspannungsleitungen zu transportieren; am Ort des Verbrauchs konnte der Starkstrom von 5000 bis 10000 Volt mit Transformatoren auf 100 oder 50 Volt herabgesetzt werden.

Edison lehnte zwei Angebote, Wechselstrom-System-Patente anderer auszuwerten, ab, obwohl Upton ihm nach einer Besichtigung in Europa die sogenannten Z.B.D.-Transformatoren empfohlen hatte. Sie waren sogar von Ingenieuren in einem Edison-Kraftwerk in Budapest entwikkelt worden. Es dürfte einer von Edisons größten Fehlern gewesen sein, daß er die Chance nicht nutzte, obwohl seine Gesellschaft die günstigste Ausgangsposition für den Einstieg in die Starkstromtechnik hatte. Er hat dies 1908 gegenüber dem Sohn Stanleys, einem Berater von Westinghouse, zugegeben: *Ach, übrigens, sagen Sie Ihrem Vater, daß ich Unrecht hatte.*[129]

Edison hatte aber gute Gründe für das Beharren auf seinem Elektrizitätssystem gehabt: Führende Wissenschaftler wie Lord Kelvin, Werner von Siemens, Franklin Pope und Elihu Thomson warnten gleichfalls vor Wechselstromanlagen; der letztgenannte änderte seine Meinung aller-

Edison als fünfundvierzigjähriger Industrieller

dings rasch. Bei den auf 2000 Volt umgestellten Bogenlichtlampen hatten sich furchtbare Unfälle und Brände ereignet.

Edison, der den «Stromkrieg» gegen die Befürworter des Wechselstroms eingeleitet hatte, steigerte sich so sehr in eine öffentliche Pressekampagne gegen Westinghouse hinein – die der unerschrockene Pittsburgher genau so wütend erwiderte –, daß er sich zu heute unverständlichen «Experimenten» hinreißen ließ:

In Anwesenheit von Reportern und geladenen Gästen wurden in West Orange herrenlose Hunde und Katzen auf einem «elektrischen Stuhl» auf eine Blechplatte geschoben, die auf 1000 Volt Wechselspannung gebracht wurde. Ähnlich abscheuliche Tötungen wurden von einem offensichtlich von Ed Johnson angestellten «Professor» H. P. Brown auf öffentlichen Plätzen und in Vortragssälen in New York – mit Westinghouse-Generatoren – vorgeführt.

Tatsächlich erließ die New Yorker Legislative im Herbst 1888 ein Gesetz zur Vollstreckung der Todesstrafe mit dem elektrischen Stuhl. Westinghouse protestierte vergeblich. Johnson ließ außerdem im Februar 1888 Warnungen an den mit Hochspannung betriebenen Bogenlichtlampen anbringen. Das Ganze wirkt heute außerordentlich befremdend; die extreme Verbitterung der Opponenten ist kaum ein Entschuldigungsgrund. Man muß allerdings berücksichtigen, daß damals sowohl eine Regierungskommission als auch die «Society for Prevention of Cruelty» an den zunächst widerstrebenden Edison herantraten, weil allgemein die Ansicht vorherrschte, daß der Tod durch die Elektrizität weniger qualvoll, rascher und humaner sei als das Hängen von Menschen oder Ertränken von Tieren.[130]

«1879 war Edison ein kühner und mutiger Neuerer. 1889 war er ein vorsichtiger und konservativer Verteidiger des Status quo.»[129] Die Sorge, daß die bisher aufgebauten Anlagen und die erarbeiteten Erfahrungen durch das neue System ersetzt werden müßten, dürfte eine Rolle gespielt haben. Der Fortschritt ließ sich dadurch nicht aufhalten.

An der Muttergesellschaft Edison Electric Light hatte Edison keinen finanziellen Anteil mehr, ganz im Gegensatz zur Morgan-Gruppe. Edison und seine Veteranen – Insull, Batchelor, Upton – leiteten die Herstellungsbetriebe und verdienten damit ihren Lebensunterhalt. Im Frühjahr 1888 schlug der aus Europa zurückgekehrte Henry Villard als Beauftragter wichtiger deutscher Finanzgruppen – darunter Siemens & Halske sowie Emil Rathenau, dem Leiter der «Allgemeinen Elektrizitätsgesellschaft» (AEG, vormals «Deutsche Edison-Gesellschaft für angewandte Electricität») – den Zusammenschluß der verschiedenen Gesellschaften zur «Edison General Electric Company» vor.

Die Zusammenlegung schien sinnvoll, da einerseits die Muttergesellschaft wenig abwarf, andererseits die von ihr lizenzierten Produktionsbetriebe rasch wuchsen und gut verdienten – die drei Hauptbetriebe erzielten 1889 Bruttoeinnahmen von über 7 Millionen Dollar und einen Jahresgewinn von über 700000 Dollar –, dabei aber von den konservativen Geldleuten der Edison Electric Light zu wenig Kapital erhielten. Morgan wollte die Betriebe möglichst billig kaufen, um seine eigenen Anteile an der Muttergesellschaft hochzutreiben, während Edison damals Angst hatte, *wir könnten durch Bargeldmangel in Schwierigkeiten geraten ... Als daher Mr. Henry Villard und sein Syndikat den Ankauf der Betriebe vorschlugen, wollten wir lieber sichergehen als eingehen.*[131] Die neue «Edison General Electric Company», einer der größten Firmenzusammenschlüsse New Jerseys, ein Elektro-Trust[132], dessen Präsident Villard wurde, übernahm die Edison Electric Light Company für Aktien im Neuwert von 3,5 Millionen Dollar, die Betriebe bekamen ihre Anteile gegen neue Aktien im Wert von 2158333 Dollar und 1166667 Dollar Bargeld eingetauscht. Davon fielen auf Edison als Haupteigner der Fabriken etwa die Hälfte, 1,75 Millionen Dollar in Aktien und Bargeld.

Die Drexel-Morgan-Gruppe, die alles in allem 779600 Dollar für Edisons Projekte bereitgestellt hatte, machte so in wenigen Jahren 2,7 Millionen Dollar oder 350 Prozent Gewinn. Von den 4 Millionen neu ausgege-

Die Edison General Electric Works in Schenectady

benen Aktien übernahmen Siemens & Halske – durch die von Villard vertretene Deutsche Bank – den größten Teil, einen weiteren Teil das Morgan-Syndikat.

Edison hatte als einer der Direktoren der neuen Gesellschaft nur noch einen geringen Aktienanteil von 10 Prozent, sein Einfluß in dem durch seine Erfindungen gewachsenen Konzern wurde schwächer, zu den Direktionssitzungen kam er selten. *Ich stand zweiundzwanzig Jahre lang ständig unter Gelddruck*, erklärte er Villard 1890. *So wurden meine Gedanken endlich von finanziellen Sorgen befreit, und ich konnte mich wieder der Weiterentwicklung der Technik zuwenden.*[133]

Einige alte Mitarbeiter waren gleichfalls reich geworden: Insull, Batchelor und Upton saßen mit ihm in der Geschäftsleitung; Bergmann gründete in Deutschland mit der Million Dollar, die er verdient hatte, einen Elektrokonzern, Johnson zog sich in eine riesige Villa in Connecticut zurück.

Inzwischen lief der Kohlefadenprozeß einschließlich der Revisionsverhandlungen auf Hochtouren. Edison und seine Patente wurden buchstäblich auseinandergenommen. Gegen ihn wurde vorgebracht, daß er nicht als erster die Glühlampe erfunden habe und die Patentbeschreibungen manchmal ungenau seien. Edison später[134]: *Ich verlor das deutsche Patent für das Kohlemikrophon-Telephon durch falsches Einsetzen eines Kommas, das den Sinn meines Patents völlig veränderte. Ein weiteres ausländisches Patent ging verloren, weil das Patentamt des Landes entdeckt hatte, daß etwas Ähnliches bereits 2000 vor Christus in Ägypten benutzt worden war – nicht genau das Gleiche, aber doch ähnlich genug, um mein Patent ungültig werden zu lassen.* Obwohl Edison zunächst bei deutschen und britischen Gerichten unterlag, konnten seine Anwälte später wieder Boden gewinnen. Reiche Konkurrenzgruppen fanden aber immer wieder Unbekannte, die Prioritätsansprüche stellten und damit mehrjährige Prozesse in Gang setzten. Nach einer Niederlage Edisons im Prozeß gegen eine Westinghouse-Filiale begann Westinghouse sofort eine Klage wegen Verletzung des ihm gehörenden Sawyer-Man-Patents, um seinen Vorsprung auszubauen.

Edison verlor den Glauben an die Gerechtigkeit in Patentrechtsprozessen. Die Patenterteilung war offenbar ein Signal für geschickte Nachahmer und *nichts anderes als die Aufforderung zu einem Prozeß*[135].

Den Wendepunkt zugunsten Edisons leitete das Urteil Richter Bradleys am Bezirksgericht in Pittsburgh ein, das Edisons prinzipielle Priorität vor Sawyer und Man, deren Glühlampe niedrigen Widerstands nur einige Minuten brannte, bestätigte: «Die große Entdeckung war aber die Erfindung eines Glühleiters mit hohem Widerstand, kleiner Beleuchtungsoberfläche und entsprechender Verringerung der Stromstärke. Das hat Edison erreicht.»[136] Im letzten Prozeß um den Glühfaden wurde Edison am 19. Juni 1890 als Zeuge beim Kreuzverhör von Anwalt Duncan in die Enge getrieben und bekannte offen, daß er 1878 das Ohmsche Gesetz nicht völlig verstanden habe und weitgehend empirisch vorgegangen war. Den Ausschlag für die gerichtliche Anerkennung der Priorität Edisons vor anderen Glühlampenpatenten gab schließlich der Nachbau der Baumwollfaden-Lampe von 1879 vor den Augen des Gerichts durch den Menlo Park-Mitarbeiter J. W. Howell; die Lampe brannte 600 Stunden. Der auch vor dem höchsten britischen Gericht errungene Sieg Edisons hatte die Beteiligten allerdings Millionen Dollar gekostet, und das Patent lief nur noch zwei Jahre! *Meine Erfindung des elektrischen Lichts hat mir keinerlei Profit gebracht, sondern vierzig Jahre lang nur Prozesse.*[137]

Nach Edisons Sieg hätten die Konkurrenten ihre Lampenfabriken schließen müssen, zum mindesten während der zwei Jahre bis 1894, bis zum Ablauf von Edisons amerikanischen Patenten, oder sie hätten der Edison General Electric Lizenzgebühren zahlen müssen. Es kam aber ganz anders. Schon im Herbst 1891 fanden, nach Initiativen Villards, zahlreiche Geheimbesprechungen statt zwischen den Direktoren der Edison General Electric – insbesondere Vertretern der Vanderbilt-Familie und der Morgan-Gruppe – und der Thomson-Houston-Gesellschaft unter ihrem expansiven Boss Charles A. Coffin, einem ehemaligen Schuhverkäufer. Zu Morgans Überraschung wollte Coffin, der die führenden Finanzleute der Bostoner State Street als Direktoren hinter sich hatte, gar nicht verkaufen, da seine Gesellschaft fast 50 Prozent mehr Gewinn aus dem Kapital erwirtschaftete als die finanzschwache Edison General Electric. Coffin brachte Morgan dazu, nicht einen Kauf, sondern einen Zusammenschluß zu einem noch größeren Trust zu finanzieren. Das Ganze geschah über den Kopf Edisons hinweg, der sich sehr dagegen wehrte.

Ich kann nur unter starkem Antrieb erfinden. Keine Konkurrenz bedeutet keine Erfindungen. Das gleiche gilt für die Männer um mich. Sie wollen kein Geld, sie wollen die Chance, mehr zu erreichen.[138] Er war nur noch ein Rädchen in dem gigantischen Getriebe. Das hatte sich schon 1888 darin ausgedrückt, daß er erst die Manager der Lampenfabrik um Erlaubnis bitten mußte, ehe er einen Inspektor ins Werk schicken konnte, der ihm über die Qualitätsschwankungen des neuen gespritzten Glühfadens berichten sollte. Dementsprechend wurde sein Name aus der Firmenbezeichnung getilgt; nach der Vereinbarung vom 15. April 1892 hieß die neue Gesellschaft einfach «General Electric Company».

Für die Finanzleute beider Firmengruppen waren die getroffenen Vereinbarungen ein Gewinn. Von den 35 Millionen neuen Aktienkapitals der General Electric erhielt die Thomson-Houston-Gruppe mit 18,4 Millionen Dollar die Aktienmehrheit, die E.G.E. wegen ihrer Schulden von 3,5

Millionen Dollar nur 15 Millionen. Die größere Gesellschaft wurde also von der kleineren geschluckt. Die Firma Westinghouse, die etwa ein Viertel des amerikanischen Elektrogeschäfts tätigte, blieb unabhängig.

Coffin leitete das Elektroempire bis zu seinem Tod im Jahre 1926, nachdem Morgan Villard zu verstehen gegeben hatte, «daß ein diskreter Verzicht diskret angenommen würde»[139]. Villards deutsche Hintermänner hatten durch Verkauf ihrer Anteile an der E.G.E. einen Zweihundert-Prozent-Gewinn erzielt. Insull zog den Rücktritt einer von Coffin angebotenen untergeordneten Stelle vor und leitete eine neue Elektrizitäts-Gesellschaft in Chicago. Auch die meisten anderen E.G.E.-Manager,

Im Eisenerz-Aufbereitungswerk in Ogdensburg, New Jersey

Thomas Alva Edison vor seinem Büro in Ogdensburg

zum Teil ehemalige Labormitarbeiter, wurden nicht in die neue Firma übernommen.

Edison erfuhr erst von einer New Yorker Zeitungsredaktion, daß alle Betriebe einschließlich der Edison Lamp Company – die sein Stolz waren und die er zu behalten gehofft hatte – der neuen Gesellschaft einverleibt wurden, was ihn ebenso wie die Streichung seines Namens wütend machte. «Mr. Edison ausgebootet – er war der Wall Street nicht gewachsen», schrieb eine New Yorker Tageszeitung.[140] Er hatte schon 1889 seinen Aktienbestand auf ca. 10 Prozent verringert, 1892 war er so unklug, den Rest zu verkaufen. Auch als Direktor der neuen General Electric nahm er kaum an den Konferenzen teil und trat bald zurück. Er war mit den Gedanken schon zwei Jahre vor Gründung der General Electric mit anderen Dingen beschäftigt. Kurz nach dem Zusammenschluß 1892 bemerkte er verbittert und trotzig zugleich: *Ich werde jetzt etwas Neues anfangen, das ganz anders und sehr viel bedeutender ist als alles Bisherige und das die Leute vergessen lassen wird, daß mein Name jemals mit der Elektrizität zu tun hatte.*[141]

Tatsächlich war Edison um 1892 nur noch selten in den Firmen-Konferenzen, in der Lampenfabrik und im Laboratorium zu sehen. Er hätte sich jetzt trotz Verlusts der Spitzenposition der Elektroindustrie als reicher Mann zur Ruhe setzen können – und wäre dabei noch reicher geworden. Statt dessen stürzte er sich sich fünf Jahre lang in ein neues gigantisches Unternehmen, dessen Ziel es war, in einem anderen der bedeutendsten Industriezweige an führender Stelle mitzusprechen, der lebenswichtigen Eisen- und Stahlindustrie. Man glaubte damals, daß die hochprozentigen Eisenerze langsam zu Ende gingen. Zehn Jahre zuvor hatte Edison beim Bau der Dynamos festgestellt, daß Eisen vergleichsweise teuer war.

Beim Fischen mit Labormitarbeitern am Strand von Long Island war ihm 1882 der schwarze Magneteisenstein-Sand aufgefallen, der von Magneten angezogen wurde. In Menlo Park wurde ein Eisengehalt von ca. 20 Prozent ermittelt. Edison entwarf einen magnetischen Erzscheider, in dem eisenhaltige Partikel beim freien Fall des Sandes durch Magneten abgelenkt und damit abgetrennt wurden. Ähnliche Verfahren wurden in kleinem Maßstab allerdings auch anderswo angewandt. Bei Ogdensburg, an der Grenze zwischen Pennsylvania und New Jersey, kaufte und pachtete er ein 7700 Hektar großes Landstück, eine trostlose Wildnis, wo bald 145 Berg- und Bergbauarbeiter, ab 1897 400, ein ganzes Blockhüttendorf – mit fließend Wasser und elektrischem Licht – bewohnten, das den Namen «Edison» erhielt.

Hier konnte Edison nach Herzenslust arbeiten: Der größte Löffelbagger Amerikas, ein riesiger Laufkran mit 70 Metern Schwenkbereich und kilometerlange Förderbänder bewegten das Gestein in Richtung auf die beiden Riesenwalzen des Quetschwerks, die mit 700 Umdrehungen pro Minute, entgegengesetzt rotierend, große Felsbrocken in kurzer Zeit zerkleinerten. Das aus dem angeschlossenen Dreifachwalzwerk resultierende getrocknete Pulver wurde zum magnetischen Erzscheider mit seinen 480 großen Magneten geleitet; der nichteisenhaltige Sand wurde als Baumaterial verkauft. Da das gewonnene pulvrige Eisenoxid schwierig ohne Verlust zu den Hochöfen transportiert werden konnte, mußten unter Zusatz von Bindemitteln Briketts geformt und gebrannt werden. Das «Ogden Baby», wie der «Titan» Edison das neue gigantische Unternehmen nannte, war offenbar so recht nach seinem Geschmack: Er lief Kautabak spuckend in einem abgerissenen alten Leinenmantel herum, eine schmuddelige Erscheinung. Er arbeitete und aß zusammen mit seinen Leuten. Tagsüber wurde er von einem eigens dafür angestellten Burschen

Edisons Riesenwalzen zur Zerkleinerung von Felsbrocken im Eisenerzwerk in Ogdensburg

durch energisches Schütteln geweckt, wenn er zu lange eingenickt war. Anfangs schlief er unter einer Mühle mit einem Haufen Kohle als Kopfkissen. Nachts machte er Kontrollgänge. Jahrelang war er die ganze Woche dort und fuhr erst samstags nach dem Signal für den Arbeitsschluß schmutzig und müde nach Glenmont.

Die Schwierigkeiten hatten ähnliche Ausmaße wie das Unternehmen selbst: Abgesehen von Unfällen, technischen Problemen und dauernd notwendigen Reparaturen der mechanisch stark belasteten Maschinen kam 1893 die große Baisse, in der die Preise fielen und sich die Nachfrage nach Eisenerz sehr verringerte. Edison mußte das Werk längere Zeit stilllegen. Im Herbst 1898 begann er nach fast einem Jahrzehnt hoher Verluste damit, das pompöse Unternehmen auf Grund einer großen Bestellung der Bethlehem Steel Company mit der für die Rentabilität erforderlichen vollen Kapazität von 10000 Tonnen pro Tag laufen zu lassen. An der Beerdigung seiner Schwägerin konnte er nicht teilnehmen: *... ich schlafe kaum noch, da ich mich um alles kümmern muß. Wir haben hier einen fürchterlichen Schneesturm ... Riesige Schneemassen türmen sich im*

Werk, alles ist blockiert und eingefroren, und so konnte eine große Anzahl der Leute nicht zur Arbeit kommen ... Vierhundert Leute sind hier, und alles hängt an mir.[142] 1898 kam er nicht einmal zu Weihnachten nach Hause. Was hatte wohl seine Frau gedacht, als sie ihm eine große Torte in der Form seines Bergwerkes zusandte?

Schließlich teilte ihm der treue Batchelor, der auch bei diesem Projekt mitarbeitete, mit, daß in Minnesota die größten und reichsten Eisenvorkommen der Welt entdeckt worden seien, die von John D. Rockefeller und W. H. Oliver gekauft und im Tagebau gewonnen würden. Edison lachte nur: *Wir können also den Laden schließen und die Sache abblasen.*[143] Es kam hinzu, daß der Eisengehalt in Ogdensburg offenbar fast auf die Hälfte abnahm. Mit großem Verlust erfüllte Edison in wenigen Wochen seinen letzten Auftrag. Nach einem Unfall, bei dem ein reparierender Mechaniker vom Quetschwerk erfaßt und zu Tode gedrückt wurde, stellte er die Arbeit ein. Insgesamt waren etwa 75000 Tonnen Magnetitgestein verarbeitet und daraus ca. 10000 Tonnen Eisenerz-Briketts gewonnen worden. 1899, bei der Auflösung des Werks, mit 53 Jahren, war Edison praktisch pleite. Er hatte in fünf Jahren über zwei Millionen Dollar, sein ganzes Vermögen, in das Erzgewinnungsprojekt gesteckt. Trotzig meinte er, er könne jederzeit eine Arbeit als Telegraphist mit 75 Dollar im Monat finden.

In Edisons Familie waren inzwischen einige Veränderungen eingetreten: 1890 und 1898 wurden die Söhne Charles und Theodore geboren. 1896 starb sein Vater Samuel mit 92 Jahren. Der älteste Sohn aus erster Ehe, Tom junior, war unglücklich verheiratet und kam auf die schiefe Bahn. Der Vater mußte ihm aus finanziellen Schwierigkeiten helfen. Will, der andere Sohn aus erster Ehe, hatte sich im Spanisch-Amerikanischen Krieg freiwillig zum Militärdienst gemeldet und war an Gelbfieber erkrankt.

1898 war die Legende vom Zauberer – trotz «Edisons Wahn»-Projekt in Ogdensburg – noch so aktuell, daß die Hearst-Zeitungen eine «romantisch-wissenschaftliche» Serie – ähnlich den damaligen Jules Verne- und heutigen Science fiction-Romanen – mit dem Titel «Edison erobert den Mars» herausbrachten, die von Millionen gelesen wurde. «General» T. A. Edison erfindet darin eine neuartige Flugmaschine, die feindliche Eindringlinge vom Mars mit einem Vernichtungsmittel bestäubt.[144] Edison protestierte energisch gegen die Verwendung seines Namens in solchen Groschenroman-Geschichten. Er hatte schon 1890 auf Anregung des jungen Schriftstellers George Parsons Lathrop für einen mit diesem zusammen geplanten Science fiction-Roman «Fortschritt» die Aufgabe übernommen, den Stand der Naturwissenschaften und der Technik für 1940 bis 1950 vorauszusagen, die Lathrop in eine Romanhandlung einarbeiten wollte. Obwohl Edison nur einige Skizzen entwarf, sind die Zukunftsvisionen doch wegen ihrer unglaublichen Treffsicherheit interessant: Er prophezeit Fortschritte in der synthetischen Chemie[145], der Biochemie und der Optik; künstliche Diamanten als Gebrauchsartikel, chemische Proteinerzeugung zur Ernährung, neuartige Kunststoffe wie

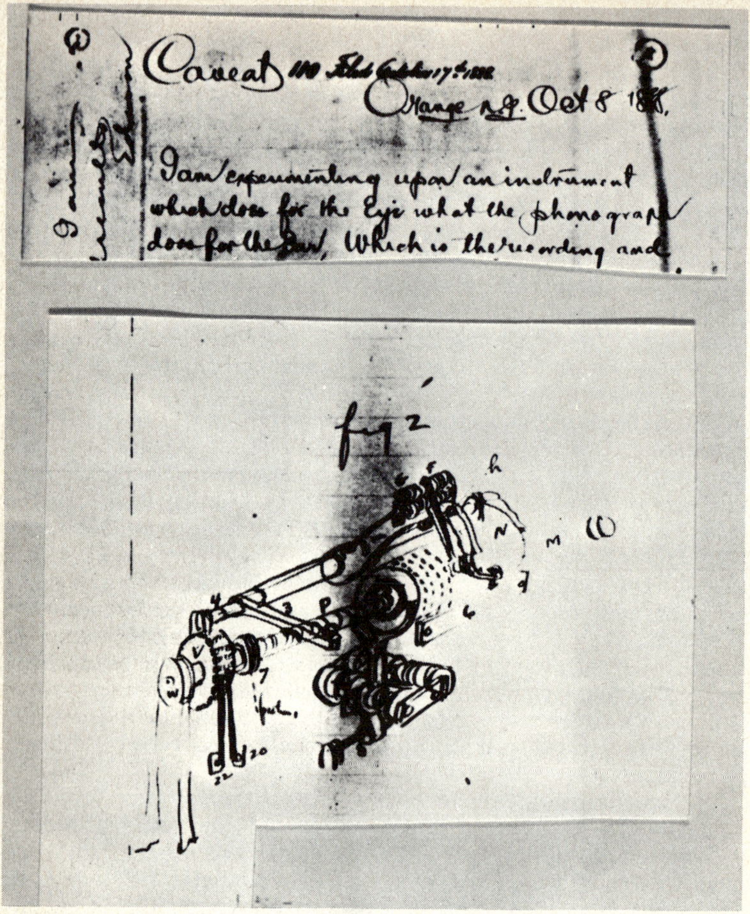

Aus der Patentanmeldung Edisons für das Kinetoskop, den Vorläufer von Filmkamera und Filmprojektor: Erster Satz und Zeichnung

«künstliches Perlmutt» [146], Überziehen von Gegenständen mit attraktiven Überzügen, wobei er möglicherweise an das Verchromen dachte, Fliegen als Transportart mit Luftfahrzeugen aus Metall, Marsflüge, Kriegführung aus der Luft. Durch geeignete Kreuzung von Menschenaffen, meinte er, könnten sich in vielen Generationen primitive Menschen entwickeln. Bis auf die letzte Vision ist heute alles mehr oder weniger realisiert.

Während der Bergbauarbeiten fand Edison noch Zeit für einige Entwicklungen im Laboratorium. Nachdem Wilhelm Conrad Röntgen seine Strahlen entdeckt hatte, beschäftigte sich Edison als einer der ersten mit

Fluoreszenz-Bildschirmen zum Sichtbarmachen durchleuchteter Gegenstände und auch mit dem Bau von Röntgen-Kathodenröhren, die er an Krankenhäuser und Wissenschaftler verschenkte. Mit einem in Edisons Labor für Prof. Michael Pupin von der Columbia University gebauten Fluoroskop mit Calciumwolframat-Bildschirm wurde die erste Röntgenbildoperation in Amerika erfolgreich durchgeführt.

Auf der Elektrizitätsausstellung 1896 im Grand Central Palace in New York sahen Tausende von Besuchern in Edisons Guckkasten-Fluoroskopen mit Begeisterung die Skelettumrisse ihrer Hände oder Füße. Bevor Edison kommerzielle Anwendungen finden konnte, stellte sich jedoch die Gefährlichkeit der zu sorglos angewandten Röntgenstrahlen hier wie in anderen Laboratorien und Krankenhäusern heraus: Der Assistent Clarence Dally bekam Geschwüre, Haarausfall, und starb innerhalb eines Jahres nach mehreren Amputationen. Edison selbst hatte plötzlich starke Sehstörungen, die auf Röntgenstrahlen zurückgeführt wurden, von denen er sich aber wieder erholte. Glücklicherweise lernte man bald sicher mit Röntgenstrahlen umzugehen.

Edisons größtes Interesse galt aber nun den «lebenden Bildern», Apparaten für Filmaufnahme und Filmvorführung. Verschiedene primitive Vorrichtungen, mit Zeichnungen und Bildern dem Auge Bewegungsabläufe vorzutäuschen, waren zum Teil schon lange bekannt, etwa die stroboskopische Scheibe. 1864 hatte der Franzose L. A. Dubois den Gedanken geäußert, man könne eine Kette oder einen Film von Photos abrollen lassen, um Bewegungseindrücke zu vermitteln. Der Amerikaner Eadweard Muybridge hatte in den siebziger Jahren photographische Momentaufnahmen von galoppierenden Pferden auf Photoplatten gebannt und

Edisons «Streifenfilm-Kinetograph» von 1889 (Original), die erste Filmkamera. Der Film wurde horizontal geführt

Edisons Kinetoskop-Guckkasten von 1893, in dem die ersten Filme der Edison-Produktion gezeigt wurden

durch Projektion mit einer Laterna magica einen kurzen Bewegungsablauf von etwa einer Sekunde Länge mit etwa einem Dutzend Bilder erhalten. E. J. Marey hatte in Frankreich Photoplatten, die er mit einer zwölf Aufnahmen pro Sekunde liefernden Kamera erhielt, auf einem Rad befestigt, das bei der Rotation gleichfalls den Eindruck bewegter Objekte hervorrief. Muybridge hatte Edison 1886 bei einer Vortragsreise durch die USA getroffen und ihm seine Aufnahmen bewegter Objekte, meist Tiere, gezeigt. Edison hatte 1887 mit dem jungen Engländer W. K. L. Dickson, einem leidenschaftlichen Amateurphotographen, mit Entwicklungsarbeiten begonnen, von denen er recht klare Vorstellungen hatte, zu denen der kommerzielle Erfolg und die Arbeiten am Wachszylinder des Phonographen zu derselben Zeit offenbar sehr beitrugen: *Ich arbeite an einem Instrument, das für das Auge das gleiche leistet wie der Phonograph für das Ohr, nämlich die Aufzeichnung und Wiedergabe von in Bewegung befindlichen Dingen, und zwar auf eine preiswerte, praktisch verwertbare und einfache Art. Diesem Apparat habe ich die Bezeichnung Kinetoskop, «bewegtes Bild», gegeben... Die Erfindung besteht darin, eine zusammenhängende Serie von Bildern in Abständen zu photographieren... und diese Serie von Bildern auf einer fortlaufenden Spirale in derselben Art aufzunehmen, wie Musik auf einem Phonographen aufgezeichnet wird.*[147]

In der amerikanischen Anmeldung vom 8. Oktober 1888 führt Edison weiter aus, daß bei der photographischen Aufnahme auf der Oberfläche des mit einer lichtempfindlichen Schicht versehenen Gipszylinders dieser kurzzeitig angehalten, dann etwas weitergedreht und für das nächste winzige Photo wieder gestoppt wird. Dies gelingt dadurch, daß die Antriebsmechanik auch den Kameraverschluß betätigt. Zugleich wird der Zylinder seitlich verschoben, so daß eine Spirale von stecknadelkopfgroßen Bildern auf dem Zylinder entsteht, die mit einem Mikroskop betrachtet werden. Anders als bei der Phonographenwalze ist die Bewegung der Kamera nicht kontinuierlich; dies scheint das wichtigste Ergebnis Edisons nach etwa zehn Monaten des Experimentierens gewesen zu sein.

1889 konnte Edison von John Carbutt gelieferte lichtempfindliche Zelluloidbogen von 38 cm Länge einsetzen, die er um die Zylinder wickelte. Mit etwas größeren Einzelbildern von ca. 6 Millimeter Seitenlänge wurden Aufnahmeserien von bis zu fünf Sekunden Laufzeit erreicht.

Im gleichen Jahr noch wurde der Zylinder verworfen und die Zelluloidplatten allein, zu Streifen geschnitten und an den Enden zum «Filmstreifen» zusammengeklebt, hinter der Optik durch die Kamera transportiert. George Eastman verbesserte den für Edison entscheidenden durchsichtigen Zelluloidfilm so, daß er gerollt werden konnte und reißfester war. Auf Drängen Edisons produzierte Eastman besonders lange «Filme» von 15 Meter Länge, die allerdings recht grobkörnig waren. Nun konnte ein sinnvoller Kameramechanismus zum unterbrochenen Transport des seitlich perforierten Films durch ein Zahnrad entwickelt werden. Dies war der Stand der Dinge zur Zeit von Edisons Europa-Reise, von der er am 6. Oktober 1889 zurückkehrte.

Anfangs wurde die Filmaufnahme-Kamera auch zum Betrachten der durchsichtigen Zelluloidbilder durch ein Vergrößerungsglas eingesetzt – die Filme hatten damals eine Laufzeit von zwölf Sekunden. Als diese Geräte öffentlich bekannt wurden, war das Staunen vor allem wegen ihrer Einfachheit groß. Edison war jedoch längst noch nicht zufrieden; er hatte von Anfang an nicht Stumm-, sondern Tonfilme herstellen wollen. Das Problem der Synchronisation von Film und Ton, das heißt die Abstimmung der Laufgeschwindigkeiten von Filmspule und Phonograph, erwies sich als extrem mühsam, obwohl Edison von Anfang an beide von ein und demselben Motor antreiben ließ.

Um die Filmgeräte kommerziell zu verwerten, stellte Edison einen Guckkasten für Filmpositive her, das «Kinetoskop». Es enthielt einen batteriegetriebenen Motor, der den Film bewegte; der Betrachter sah am Guckloch durch die Okularlinse nacheinander die einzelnen winzigen Bilder des laufenden Films, wenn eine der Öffnungen in einer rotierenden Scheibe den Blick freigab, wodurch mit etwas Phantasie die Illusion einer lebendigen Bewegung entstand.

1890 wurde in West Orange eine größere und bessere Filmkamera gebaut, die als Vater aller späteren gelten kann und deren Fünfunddreißig-Millimeter-Film heute noch – als Kleinbildfilm für Photoapparate – hergestellt wird.

Aufs Äußerste beansprucht durch den Phonographen, die Elektrogeschäfte und das nervenzehrende Erzschürfen, meldete Edison die grundlegenden Kinetographen- und Kinetoskop-Patente erst im Juli/August 1891 an: «Apparat zur Vorführung von photographischen Aufnahmen sich bewegender Gegenstände»; in unvollständiger und unausgefeilter Abfassung. Im Gegensatz zum Patent von 1888 erwähnte er nun weder Projektor noch Projektionsleinwand, was sich später rächen sollte. Als noch gravierender erwies sich, daß er europäische Patentanmeldungen als unnütz ablehnte. Nachahmer konnten ihm nicht nur überall Konkurrenz machen, sondern die Plagiate sogar für sich patentieren lassen. Hinzu kam, daß zwei seiner vier engeren Mitarbeiter am Filmprojekt, darunter Dickson, zu solchen Konkurrenten überwechselten, die sich nicht scheuten, Edisons Patentansprüche gerichtlich anzufechten. Dabei traten, wie allgemein nach Erfindungen, die Besserwisser auf, die behaupteten, es sei gar «nichts Neues»; nicht er, sondern Dickson habe das Wichtigste geleistet. Letzteres stimmt, wie wir wissen, nicht. Edison erkannte seine wissenschaftlichen Vorläufer Marey und Muybridge durchaus an; seine Weiterentwicklung bis zur Brauchbarkeit durch geniale Kombination an sich bekannter Prinzipien muß als höchst schöpferische Leistung gewertet werden: «Es gibt kein Filmgerät, das nicht nachweisbar vom Kinetoskop abstammt.»[148] Die projizierten Bilder flimmerten und zuckten bei den ersten «Kino»-Vorführungen in der verdunkelten Photo-Abteilung im Obergeschoß des West Orange-Laboratoriums. «Das Gefühl des Übersinnlichen wird noch verstärkt, wenn plötzlich eine Gestalt auftaucht, sich bewegt und spricht und dann ebenso geheimnisvoll wieder verschwindet.»[149]

Die Qualität der Bilder war um so schlechter, je stärker die Vergrößerung war. Edison gelangte daher zu der Ansicht, daß mit den kleinen und schärferen Bildern in einem Guckkasten günstiger Geld zu machen sei; zumal man ihn – wie den Phonographen – als Münzautomaten aufstellen konnte.

Trotz jahrelanger Bemühungen war aber kein interessierter Geldgeber zu finden; das Ganze war so neu, daß niemand die immense Entwicklung dieser Anfänge der Filmindustrie ahnte. 1893 schrieb Edison an den altgewordenen Muybridge: *Ich habe einen kleinen Apparat konstruiert, den ich Kinetoskop nenne und den ich mit einer Münzeinwurfvorrichtung versehen habe. Es wurden ungefähr fünfundzwanzig davon hergestellt, aber ich bin noch sehr darüber im Zweifel, ob sie irgendeine wirtschaftliche Zukunft haben, und ich befürchte, daß sie nicht einmal die Herstellungskosten hereinbringen werden. Diese stroboskopischen Erfindungen haben doch eine allzu gefühlsbestimmte Richtung, als daß die Leute viel in sie investieren würden.*[150] Er strebte an, solche Münzautomaten auf der Chicagoer Ausstellung zu zeigen; sie wurden aber nicht rechtzeitig fertig.

«Black Maria», das erste Filmstudio der Welt, 1893 auf Edisons Laboratoriumsgelände in West Orange erbaut

Am 1. Februar 1893 ließ Edison – für 700 Dollar – auf dem West Orange-Gelände das erste Filmstudio der Welt errichten. Der 17 Meter lange, innen und außen mit schwarzer Teerpappe ausgekleidete Holzschuppen wurde drehbar gelagert, damit durch die ausklappbare Dachhälfte das Sonnenlicht je nach Sonnenstand einfallen konnte. In diesem Kinetographischen Theater – im Laborjargon «Black Maria» genannt – entstanden 1893/94 eine Anzahl der ersten, reichlich anspruchslosen Kurzfilme: «Die dort verwendeten Filme hatten im Durchschnitt nur eine Laufzeit von 1 Minute und 20 Sekunden. Die Bilder ... waren nur etwa 15 cm hoch, und man mußte sie durch Operngläser betrachten. Aber immerhin konnte man alle Einzelheiten des Vorgangs erkennen.»[151]

Die ersten Schauspieler in Edisons Studio waren Boxer wie Jim Corbett, Tänzerinnen, Buffalo Bill, Akrobaten, Messerwerfer und Kampfhähne. Edison zahlte 50 Dollar für berühmte, 10 Dollar für gewöhnliche Darsteller. Es folgten Dokumentarfilme, die ersten aus der Umgebung von West Orange. Edison selbst ließ sich 1897 bei der täglichen Arbeit im Labor filmen.

1894 gründeten die ehemaligen Spekulanten und Buchmacher Norman C. Raff und sein Kollege Frank Gammon die «Kinetoscope Company» und verpflichteten sich, Edison eine größere Anzahl von Münz-Guckkästen einschließlich Kurzfilmen von 90 Sekunden Länge abzukaufen und diese in «Kinetoskop-Salons» aufzustellen. Der erste Salon mit fünf Kinetoskopen wurde am 14. April 1894 am Broadway New Yorks eröffnet. Die erste öffentliche Vorführung war ein Riesenerfolg. Daraufhin wurden weitere Salons in Chicago, Baltimore, Atlantic City, San Francisco und anderen Städten eingerichtet, die ebenfalls Aufsehen erregten und vielbesucht waren. Wie beim Phonographen entwickelte sich das wissenschaftliche Spielzeug zum Massenunterhaltungsmedium: Eine ungeahnte, kolossale Wirkung auf die Menschen brachte 1894 ein in der «Black Maria» gedrehter Film eines blutigen Zehn-Runden-Boxkampfs zwischen Mike Leonard und Jack Cushing bei der «Vorführung» in New York. Obwohl sich die Betrachter von einem der sechs Kinetoskope zum nächsten begeben mußten, um die etwa eine Minute langen Fortsetzungen, dazu noch im Miniaturformat, zu Ende verfolgen zu können, gab es Tag für Tag tumultartige Menschenaufläufe. Das Ausmaß und die Intensität der Wirkung auf die Menschen übertraf fast alle anderen Erfindungen des 19. Jahrhunderts. Sie spiegelt sich heute in der Verbreitung des Fernsehens wider, das mit dem Guckkasten mehr als die kleinformatigen Bilder gemein hat.

Edison hatte nicht nur wieder ein Gespür für das kommerziell Verwertbare bewiesen, sondern sah auch die zukünftige Entwicklung voraus, die heute im Kino und Fernsehen verwirklicht und mit Videorecordern und Bildplatten noch hochaktuell ist: *Das Kinetoskop ist nur ein kleines Modell, welches das gegenwärtige Stadium des Fortschritts aufzeigt, doch mit jedem kommenden Monat erschließen sich neue Möglichkeiten. Ich bin überzeugt, daß es ... in späteren Jahren möglich sein wird, in der Metropolitan Opera in New York Opern originalgetreu wiederzugeben – mit Sängern und Musikern, die dann schon lange tot sind.*[152] Doch die immense Entwicklung der Filmindustrie in Richtung auf großflächig projizierende Kinos hat er nicht vorhersehen können. Obwohl er 1889 Versuche mit Wandschirmen von 1,5 Meter im Quadrat durchführte, die wegen der mangelnden Ausleuchtung, der Unschärfe und dem Flimmern der Bilder nicht erfolgreich waren, und obwohl er 1895 noch einmal einen Mitarbeiter damit betraute, erreichte er den Durchbruch nicht, vielleicht auch, weil er nicht an den Wandschirm glaubte. Dies war anfangs wegen des guten Geschäfts mit dem Guckkasten – in den er in fünf Jahren 24118 Dollar gesteckt hatte – verständlich, aber kurzsichtig, weil sich nun Konkurrenten in Europa und USA, die Prozesse keineswegs scheuten, der Wandschirm-Projektion bemächtigten und weil der Guckkasten-Rummel nach zwei Jahren nachzulassen begann. Hinzu kam, daß der eigentlich anhängliche Dickson, der Edisons Ideen geschickt in die Tat umgesetzt hatte, unter dubiosen Umständen in die Hände der von den Latham-Brüdern betriebenen Konkurrenzfirma geriet, die schon den französischen Photographen Eugène Lauste abgeworben hatte. Der 1894 eingestellte

Von Geld ist die Rede, von wem noch?

Die Belohnung für wissenschaftliche Verdienste…

... kam in Form eines öffentlichen Amtes, dem des Münzwardein, wenige Jahre später dem des Vorstehers der königlichen Münze in London, verbunden mit einem Jahresgehalt von 400 Pfund Sterling. Das war damals, um das Jahr 1700, eine Summe, von der man leben konnte, vor allem, wenn man, wie es bei diesem Mann der Fall war, allein lebte.

Als er geboren wurde, war sein Vater schon zwei Monate tot. Die Mutter heiratete erneut und überließ ihren Sprößling der Obhut der Großmutter. Als sie wieder Witwe wurde, holte sie ihren mittlerweile vierzehnjährigen Buben heim, damit er den Bauernhof führe. Aber der junge Mann zog lieber mathematische Wurzeln. Ein Onkel verhalf ihm zu weiterer Schulbildung und schließlich zum Studium.

Im Alter von 26 Jahren wurde er Professor in Cambridge. Damals schon hatte er wichtige naturwissenschaftliche Entdeckungen gemacht, aber erst Edmund Halley (nach dem ein Komet benannt ist) konnte ihn überreden, die Erkenntnisse zu veröffentlichen. Da war der Mann schon über vierzig. Und da die Royal Society kein Geld hatte, mußte Halley sogar die ganzen Druckkosten für das Werk (das dann eine Sensation wurde und Naturwissenschaften und Philosophie bis heute beeinflußt hat) aus eigener Tasche bezahlen.

Der Mann war in der Mitte seiner fünfziger Jahre, als er an die königliche Münze berufen wurde. Er nahm diese neue Aufgabe so ernst, daß er dafür seinen Lehrstuhl in Cambridge aufgab und bis zum Ende seines Lebens in London blieb. Von wem war die Rede?

(Alphabetische Lösung: 14-5-23-20-15-14)

neue Finanzberater Edisons, W. E. Gilmore, forderte und erreichte die Entlassung Dicksons, der dann offenbar noch Unterlagen über die Wandschirmprojektoren mitnahm. Prompt brachte die Firma Latham ein Laterna-magica-Kinetoskop «Panoptikum» auf den Markt, das, obwohl ein unausgereifter «Flimmerkasten», offensichtlich Edisons Patente verletzte. Dickson scheint aber ohne Anleitung Edisons keine wesentlichen Entwicklungen mehr zustande gebracht zu haben: Er verließ die Latham-Brüder nach einiger Zeit und wurde technischer Direktor bei «Mutascope & Biograph», die Guckloch-Kinetoskope nachahmten. Als diese Firma 1897 wegen Patentverletzung verklagt wurde, ging Dickson nach England, wohl weil er nicht gegen seinen früheren Chef aussagen wollte. Edison versöhnte sich später mit ihm, da Dickson zwar nicht richtig, aber kaum wissentlich hinterhältig gehandelt hatte. Als Dickson in Schwierigkeiten war, half ihm Edison sogar mit Darlehen und Geldgeschenken.

1896 erreichte der Amateur Thomas Armat aus Washington D. C. mit seinem «Vitaskop»-Filmprojektor den Durchbruch bei der Projektion: eine neue Antriebsvorrichtung transportierte den Film zwischen zwei Bildern rasch und ließ dann das einzelne Bild länger in Ruhestellung verharren, wodurch ein wesentlich besserer visueller Eindruck vermittelt wurde. Die schlauen Vertriebsleiter der Kinetoscope-Company, Raff und Gammon, unterbreiteten Armat folgendes denkwürdige Angebot: «Um uns innerhalb der kürzesten Frist den größten Gewinn zu sichern, ist es notwendig, daß wir Ihre neue Erfindung mit Edisons großem Namen verbinden. Während Edison keineswegs den Wunsch hat, sich als Erfinder Ihres Apparates auszugeben, glauben wir doch, daß wir ihn dazu bringen können, die Herstellung zu übernehmen und seinen Namen dafür zur Verfügung zu stellen.»[153] Keiner der beiden Erfinder war glücklich über den zustande kommenden Vertrag. Edison hatte damals wohl finanzielle Probleme; er stimmte widerstrebend zu.

1896 liefen die Vorbereitungen für die Eröffnung von Wandschirm-Filmtheatern. Zur ersten Vorführung des Vitaskops mit 6,10 × 3,65 Meter Wandschirm lud man Zeitungsreporter nach West Orange ein. Tänzerinnen konnten in Lebensgröße auf die Leinwand projiziert werden, was von der Presse als «Edisons neuester Triumph» begrüßt wurde. Die erste offizielle Vorstellung am 23. April 1896 fand vor führenden Persönlichkeiten des Theaters und der Geschäftswelt im eleganten Varieté-Theater von Koster & Bial am Herald Square in New York statt. Den Zuschauern erschienen die vorgeführten Meereswellen so realistisch, daß sie vor Angst zurückwichen. Die Begeisterung drückte sich in überwältigendem Applaus für Edison aus, der sich weigerte, aus seiner Loge vor die Menge zu treten. Der eigentliche Erfinder Armat bediente derweil in der Vorführkabine den Projektor.

Schon ein Jahr später platzte der Vertrag, als Edison einen eigenen Projektorantrieb entwickelte und Armat seine Patentrechte zurückzog. Erst viel später, 1921, gab Edison in einem Brief an Armat zu, daß dieser den *ersten verwendbaren Projektionsapparat* erfunden habe.[154]

Von da an war der Film nicht mehr aufzuhalten: 1903 und 1904 wurden im «Black Maria»-Studio die 300 Meter langen Spielfilme «Das Leben eines amerikanischen Feuerwehrmannes» und «Der große Eisenbahnüberfall» gedreht. Darauf folgten zahlreiche Wildwest- und Kriminalfilme, die eine Welle der Begeisterung hervorriefen, obwohl die Filme nach etwa vierzehn Minuten meist recht abrupt endeten. Im Jahre 1909 zählte man schon 800 Kinos. Ungezählte Menschen interessierten sich für Filmstars und ermöglichten das Entstehen einer riesigen Unterhaltungsindustrie, die heute noch – in modifizierter Weise durch das Medium Fernsehen – im Wachsen begriffen ist.

Der Firmenname «Thomas A. Edison Inc.» wurde weltweit ein Begriff. Allerdings übertrug Edison die Verwaltung dieser ihm nicht liegenden Branche anderen. In der New Yorker Bronx erstellte die Edison-Filmgesellschaft ein großes Glas-Studio für 100000 Dollar. Produziert wurde meist Unterhaltung auf primitiver Ebene. Auf Grund von Edisons unterlassenen Anmeldungen in Europa hatten amerikanische Konkurrenzfirmen die amerikanischen Patentrechte europäischer Neukonstruktionen erworben. Zehn Jahre dauerten die Patentstreitigkeiten mit Nachahmern; während dieser Zeit scheute man sich nicht, Filme anderer Hersteller ohne Vergütung zu kopieren. Erst im Oktober 1907 erkannte das Bundesgericht in Chicago Edisons ursprüngliche Filmpatente von 1891 an.

Dies war für einen der Prozeßgegner, Jeremiah J. Kennedy, von der «Biograph Company», das Signal, Frank L. Dyer, dem Finanzchef Edisons, die Gründung einer Interessengemeinschaft der Patentinhaber und eine Kartellvereinbarung für die Herstellung und den Verleih von Filmen vorzuschlagen. Die rasche Einigung der einstigen Gegner wurde 1908 mit einem Bankett in Edisons großer Bibliothek im Laboratorium von West Orange gefeiert. Das von Dyer, Kennedy und acht anderen Filmgesellschaften ins Leben gerufene «Patentkartell» («Motion Picture Patent Corporation») erkannte Edisons Patentrechte an und garantierte ihm Lizenzgebühren von mehreren hunderttausend Dollar pro Jahr. Die Filmtheater mußten wöchentliche Abgaben entrichten, der Filmverleih wurde kontrolliert. Gegen diese Absprachen zweifelhafter Legalität erhoben unabhängige Produzenten wie William Fox und Carl Laemmle Klage. Nach zehnjährigem Bestehen des Kartells und seines Filmverleihs durch die «General Film Corporation» – jährlich konnten Millionengewinne abgeschöpft werden – verfügte der Oberste Gerichtshof der USA im April 1917 die Auflösung.

Edison konnte sich mit den Erträgen des Filmgeschäfts vom Fiasko des Erzanreicherungs-Projekts finanziell erholen. In einem Interview charakterisierte sich der fast sechzigjährige ergraute Edison selbst so: *Der wesentliche Punkt, in dem ich mich von anderen unterscheide, ist der, daß ich außer den üblichen Eigenschaften eines Erfinders einen Sinn für das Praktische habe ... nämlich den Sinn für den wirtschaftlichen Wert einer Erfindung. Nicht daß Sie glauben, den hätte ich mit in die Wiege gelegt bekommen. Er wurde mir vielmehr durch eine Anzahl von Schicksalsschlägen eingebleut.*[155] Hinzu kam natürlich sein Ideenreichtum: *Ich habe genug Ideen, um die Bank von England dem sicheren Bankrott auszuliefern.*[156] Das mit dem Film verdiente Geld war ihm gerade recht, um ein neues technisches Abenteuer zu wagen, obwohl er um 1900 eine stattliche Anzahl von Projekten parallel zueinander entwickelte: Phonograph und Filmstudio, die neugegründete «Edison Portland Cement Company», sowie der Bau von Betonguß-Fertighäusern.

1899 fuhren 90 Prozent der Motorfahrzeuge in New York mit Bleiakkumulatoren als Energiequelle und Elektromotoren als Antriebsquelle, der Rest waren Dampfwagen und Benzinkutschen. Edison sah die Chance, die schwergewichtigen, schwierig aufzuladenden und rasch korrodierenden Blei-Schwefelsäure-Batterien der Elektroautos durch leichtere und zuverlässigere zu ersetzen; die allgemeine wirtschaftliche Bedeutung eines «Miniaturbehälters für elektrische Energie», dem ab 1900 Edisons Hauptinteresse galt, lag für ihn auf der Hand – eine Fragestellung, die heute noch relevant ist.

Obwohl er Henry Ford, der 1897 als Chefingenieur im Elektrizitätswerk der Detroiter Edison Company beschäftigt war und daneben Automobile konstruierte, zum Benzinauto ermutigte, konzentrierte er sich selbst auf den Akku. Ford hat Edison von Anfang an als Idol verehrt; für den ermutigenden Rat, «Kohlenwasserstoff» als Energielieferant für Automotoren zu verwenden – der Edisons Wissen und Weitblick belegt –, war Ford ihm zeitlebens dankbar. 1899 gründete Ford seine erste kleine Autofabrik, der Ursprung des internationalen Ford-Konzerns. Da die Benzinautos noch jahrelang schwerfällig blieben und die Luft verpesteten, waren sie ebensowenig attraktiv wie Kraftfahrzeuge mit den unwirtschaftlichen Bleibatterien: 1900 formulierte Edison die heute noch ungelöste Aufgabe: *Das Ziel ist ... eine brauchbare Batterie herzustellen, die es gestattet, eine größere Energiemenge pro Pfund Materialgewicht zu speichern, als das mit einer Bleielektroden-Batterie möglich ist.*[157] A. E. Kennelly assistierte zu Beginn der mühsamen, sich hinausziehenden Forschungsarbeiten; ab 1901 war Dr. J. W. Aylsworth Leiter der chemischen Abteilung. Insgesamt arbeiteten in diesem Jahr zwanzig Mitarbeiter im West Orange-Laboratorium, darunter weitere Chemiker und Physiker. Von der Chemie, die damals noch recht empirisch war, hielt Edison besonders viel: *Großartige Wissenschaft, die Chemie. Sie ist mir von allen Wissenschaften die liebste.*[158]

Die ursprüngliche Idee Edisons eines nicht sauren, sondern weniger korrodierenden alkalischen Elektrolyten und Eisenoxid als negatives Elektrodenmaterial erwies sich als gut. Endlose Versuchsserien – für die Arbeitsweise Edisons charakteristisch – waren aber noch erforderlich, bis Nickelhydrat als positives Elektrodenmaterial gefunden und geeignet präpariert war. 1903 befand sich Edison bereits in Kanada auf der Suche nach ergiebigen Nickelvorkommen, im gleichen Jahr wurden in einer neugebauten Fabrikanlage in Glen Ridge bei Orange nicht nur Batterien hergestellt, sondern auch verschiedene Eisen- und Nickelpräparationen geprüft.

Es verwundert bei der reichlich empirischen Vorgehensweise Edisons – nun wieder oft in Tag- und Nachtarbeit – kaum, daß ein preußischer Chemiker seines Labors Kritik übte; er hielt wenig von Edisons chemischem und physikalischem Wissen, wobei allerdings eine Portion akademischen Dünkels mitgespielt haben mag. Unbestreitbar war Edisons Forschungsstil oft locker, manchmal wenig systematisch; die Mitarbeiter waren nun häufiger sich selbst überlassen. Edison legte außerdem keinen Wert auf Würde und Distanz – wie anderswo üblich. Originalität und Erfolg konnte ihm jedoch auch dieser deutsche Assistent nicht absprechen.

Den in Paris ausgebildeten russischen Chemiker Martin André Rosanoff stellte Edison 1903 anderen Mitarbeitern vor, indem er sich selbst als *Räuberhauptmann*, die Mitarbeiter als *Bande* titulierte. Seinen Chefkonstrukteur John Ott sprach er mit *Sancho Pancho* an. Als Rosanoff sich höflich nach den Laborvorschriften erkundigte, antwortete Edison, Tabak kauend und auf den Boden spuckend: *Zum Teufel, hier gibt's keine Vorschriften. Wir wollen einfach was fertigbringen.*[159]

Als ein Soziologieprofessor in West Orange die Organisationsmethoden des berühmten Erfinders ergründen wollte, erhielt er die kurze Antwort: *Ich selbst bin die Organisation.*[160] Irgendwie hatte Edison die Vielzahl der Projekte und Mitarbeiter im Griff, woran sein unermüdlicher Fleiß, sein Ideenreichtum und sein Prestige als erfolgreicher Erfinder sicher großen Anteil hatten.

Obwohl er seine promovierten Assistenten wegen ihrer formalwissenschaftlichen Ausbildung mit Vorliebe verspottete, stellte er doch eine ganze Anzahl von Universitätswissenschaftlern ein. Gern gab er jedoch zum Besten, daß einige seiner Erfindungen gegen die ausdrückliche Fachmeinung gelehrter Männer entstanden seien, nach seinen eigenartigen Experimentiermethoden. Trotzdem erkannte er seinerseits die Arbeiten eines seiner Chemiker an, der mit Hilfe physikalisch-chemischer Überlegungen nach über einjähriger Arbeit einen besseren Belag für die Phonographenzylinder fand. Theoretische Wissenschaftler haben Edisons «Empirie» öfters kritisiert und seine Arbeitsweise als «edisonisch» abgewertet. Auf den wenig erforschten Gebieten seiner Erfindungen gab es aber damals kaum Alternativen, und in manchen Bereichen der Naturwissenschaften und Technik wird auch an wissenschaftlichen Instituten noch manch wichtiges Ergebnis empirisch gewonnen und danach theoretisch erläutert. Doch wird heute unbestritten im allgemeinen von Theorien und Hypothesen ausgegangen, die es in dieser fundierten Form damals nicht gab. Man muß aber auch heute noch, etwa in der Chemie, zugeben, daß trotz ausgezeichneter und faszinierender Theorien und ihrer beflügelnden Wirkung auf das Experiment manche grundsätzlich wichtige und neuartige Entwicklung vom gezielten praktischen Versuch, nicht selten sogar von einem unerwarteten Befund, ausgeht. Zudem spricht der praktische Erfolg für Edison. Anders als viele seiner – und unserer heutigen – Zeitgenossen glaubte er nicht an den glücklichen Zufall, der einem in den Schoß fällt, und auch nicht an Zauberei, als die manche seine Arbeit ansahen. Er hielt sehr viel mehr von harter «Knochenarbeit» und «Probieren

Thomas Alva Edison in seinem Chemielabor, 1906

geht (im Zweifelsfall) über Studieren». Immer noch schlief er auf Labortischen und deckte sich mit Büchern zu. Sein grimmiger Humor hatte ihn gleichfalls nicht verlassen.

Die Fertigung der neuen bleifreien Batterie begann in den gerade erbauten Fabrikhallen in Silver Lake mit 450 Arbeitern. Sie enthielt in einem neuen Gehäuse neuartige Elektrodenplatten aus vernickeltem Stahl, deren eine mit einem Nickelhydrat-Graphitgemisch, die andere mit Eisenoxid belegt war. Im Gegensatz zum damaligen Bleiakku ging bei Nichtgebrauch die Spannung nicht zurück, und sie konnte oft wieder aufgeladen werden. Edison hatte sie harten Praxistests und Prüfungen unterzogen, in Autos montiert, auf Rüttelmaschinen gespannt und sogar – 1904 in Anwesenheit des Förderband-Erfinders Tom Robins – von verschiedenen Stockwerken des Labors demonstrativ aus dem Fenster geworfen. Die Presse, sein Bekanntheitsgrad und das Interesse der Menschen an den Wundern des Zauberers verhalfen ihm zu einer aufsehenerregenden Werbekampagne mit der Aussicht, daß «die Welt der Energie revolutioniert» werde, daß das «Zeitalter der gespeicherten Elektrizität» begonnen habe und daß bald «jedes Heim einen Miniatur-Dynamo ... jede Familie ein eigenes Auto haben werde». ... *durch die neue Batterie wird das Pferd ziemlich arbeitslos werden ... Ja, ich hoffe zuversichtlich, daß die Zeit angebrochen ist, in der jedermann nicht nur in der Lage sein wird, sein Haus elektrisch zu beleuchten, sondern auch mit Elektrizität seine Maschinen arbeiten zu lassen, seine Wohnung zu heizen, sein Essen zu kochen usw., ohne dabei auf jemand anderen angewiesen zu sein.*[161]

Die Nachfrage nach dem «E»-Modell der Batterie überstieg die langsam anlaufende Produktion weit; Handelsfirmen und Transportbetriebe bauten sie in leichte Lieferwagen ein. Bald aber kamen erste Reklamationen: Die Batteriebehälter wurden undicht, die Batterien selbst waren von unterschiedlicher Qualität, und die Leistung fiel meist um 30 Prozent ab. Das Fiasko war niederschmetternd: Die von Geldgebern gegen Verpfändung und Hypotheken auf seine anderen Betriebe beschafften 500000 Dollar waren für die neue Fabrik und Entwicklungsarbeiten verbraucht. Nach der lautstarken Reklame war das öffentliche Eingeständnis des Mißerfolgs für Edison beschämend. Obwohl Automobilfirmen wie Studebaker auch die noch unvollkommene Batterie weiter einbauen wollten, blieb Edison mit Recht konsequent: *Ich habe die Herstellung eingestellt, weil mir die Batterie nicht gut genug ist ... Erst wenn ich herausgefunden habe, weshalb die Batterien ihre Kapazität verlieren, werde ich die Fabrikation wieder aufnehmen.*[162]

Er war ehrgeizig genug, nur hochwertige und leistungsfähige Produkte verkaufen zu wollen. Also ersetzte er die defekten Batterien und zahlte aus eigener Tasche zu, als die Edison Storage Battery Company kein Kapital mehr hatte. Er konnte damals auf Einnahmen aus dem gut laufenden Film «Der große Eisenbahnüberfall» zurückgreifen. Fast die gesamte Belegschaft des West Orange-Laboratoriums setzte er anschließend auf die Batterie an; mehr als fünf harte Jahre voller Mißerfolge und Enttäuschungen dauerten die Fehlersuche und Perfektionierung. Theorien konnten damals wenig helfen, etwa um die optimale Menge, Zusammensetzung, Qualität und Oberflächenbeschaffenheit des Nickelhydrats vorauszusagen; zu viele Parameter spielten eine Rolle. Im Winter 1905 mußte er die bis dahin wenig erfolgreichen Untersuchungen abbrechen, da er krank wurde und sich einer schwierigen Operation nach einer fortgeschrittenen

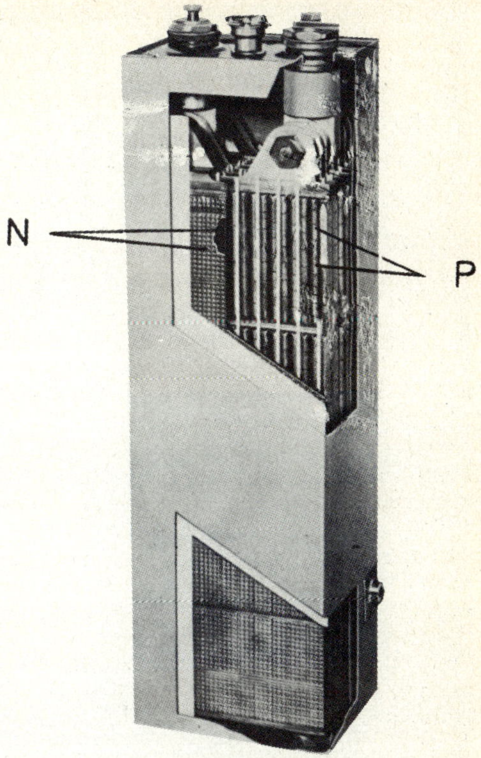

Edisons verbesserter Nickel-Eisen-Akkumulator. N = negativer Pol, mit Eisenoxid gefüllte Tasche, P = positiver Pol, mit Nickeloxid und Nickelflocken gefüllte Rohre

Mittelohrentzündung unterziehen mußte, wonach er völlig taub war. Die finanzielle Lage war offenbar so ernst, daß er den jährlichen Winterurlaub in Fort Myers ausfallen ließ und statt dessen im Labor arbeitete. Trotz der fast unlösbar scheinenden Probleme und zahlreicher negativer Berichte seiner Assistenten blieb Edison, dessen Haar inzwischen schlohweiß geworden war, wohlgelaunt.

1907 kamen weitere Rückschläge hinzu; sogar das Phonographen-Geschäft war rückläufig, da die Schallplatte von Berliner, hergestellt von Victor Talking Machine, zunehmend beliebter wurde, während Edison hartnäckig bei den Walzen als Tonträger geblieben war. Außerdem wurden die Benzinautos – der Rolls-Royce ebenso wie Henry Fords Fünf-

Edison (links) mit Elektroauto zur Prüfung seiner Batterien

zehn-PS-Modell N, der Vorläufer des berühmten T-Modells – immer besser. Das Modell N kostete nur 600 Dollar und wurde viel gekauft. Edison stand unter Zeit- und Erfolgsdruck. Er experimentierte inzwischen mit galvanisch hergestellten dünnen Nickelflocken, durch die er den schlechter leitenden Graphit ersetzte. Sie wurden abwechselnd mit Nickelhydroxid-Schichten in nahtlose Rohre aus dünnem vernickeltem Stahl gepreßt. Dieser neue Aufbau des Akkumulators führte zu einem besseren Betriebsverhalten. Es liegt auf der Hand, daß bei der Lösung dieser vielfältigen elektrochemisch-technischen Probleme die Empirie eine große Rolle spielen mußte.

1901 begann die Fabrikation der neuen Batterie, für die Edison eine Million Dollar aus eigener Tasche aufgebracht hatte. Schon im ersten Jahr verkaufte die Edison Storage Battery Company Batterien des Typs A für eine Million Dollar. Autos wie der «Baker-Runabout» liefen zwischen 1911 und 1914 mit Edison-Akkumulatoren.[163] Elektrische Liefer- und Stadtwagen waren wegen ihrer Laufruhe und Abgasfreiheit schon damals geschätzt. Ihr Fahrbereich lag bei 95 Kilometern pro Tag. Anders als der langsamere Bleiakku waren die Edison-Akkumulatoren innerhalb von sieben Stunden wieder voll aufgeladen. Abgesehen von ihren Vorzügen waren sie aber als Stromquelle für Straßen- und Eisenbahnmotoren sowie für Motoranlasser ungeeignet. Wegen ihrer etwas geringeren Spannung (1,19 gegenüber 1,5 V beim Bleiakku) benötigte man für manche Anwendungen mehrere Edison-Batterien, wodurch der Gewichtsvorsprung verloren ging. In der Kälte arbeitete der ansonsten widerstandsfähige Akku nicht einwandfrei. Hauptanwendungsbereiche waren daher Eisenbahnsignalanlagen, Zugbeleuchtung, Bergwerkslampen, Sprengungen im Bergbau usw.; für spezielle Zwecke wird er heute noch in ansehnlichen Stückzahlen hergestellt.

Während der zermürbenden Detailarbeit am Akkumulator hatte Edison noch Zeit gefunden, sich mit einem völlig anderen Industriezweig, der Zementproduktion und dem Eisenbetonbau zu befassen. Kurz nachdem er die Erzaufbereitung aufgegeben hatte, gründete er auf einem neu erworbenen Kalksteingebiet im Osten Pennsylvanias die «Edison Portland Cement Company», in der er die Riesensteinmühlen und anderes Gerät aus Ogdensburg weiterverwenden konnte. Mit einem von ihm 1905 patentierten, für damalige Verhältnisse riesigen Drehrohrofen konnte er 1907 pro Tag 1000 an Stelle der üblichen 200 Tonnen Zement ausstoßen. Edison hatte die starke Ausweitung des Eisenbetons in Amerika richtig vorhergesehen. Außerdem setzte er Maschinen und Geräte ein, die noch feiner gemahlenen Zement und solchen mit höherer Saugfähigkeit lieferten, wie er später von den Bauingenieuren auch benötigt wurde.

Da er für einige hölzerne Fabrikgebäude hohe Feuerversicherungen abschließen mußte, ließ er in den Jahren nach 1906 auf dem West Orange-Gelände insgesamt zwölf Stahlbetongebäude errichten. Mit einer von ihm patentierten flüssigen Betonmischung konnte er ganze Häuser für 1200 Dollar gießen – einschließlich Keller, Dach, Fußböden, Treppenhaus, Fenster, Türen und Leitungsschächten. Edison dachte nicht zuletzt an preiswerte und *anständige* Häuser mit sechs Räumen für seine eigenen Arbeiter: *Wir statten das Haus des Arbeiters und seiner Familie schön aus, das verdient er. Und außerdem kostet es nicht mehr, wenn wir erst einmal die Grundform haben, noch Schmuckeffekte anzubringen.*[164]

Baufachleute hatten vorausgesagt, daß das Verfahren nicht gelingen könne, weil sich der Flüssigbeton entmischen und dann ungleichmäßig verteilen würde. Edison verhinderte dies dadurch, daß er eine leimartige Masse zusetzte. Er ließ in der Umgebung von West Orange mehrere dieser Fertighäuser errichten – sie werden heute noch bewohnt. Das Projekt, für das er etwa 100000 Dollar ausgegeben hatte, fand damals jedoch keinen Anklang und wurde daher eingestellt.

Edisons Drehrohröfen zur Zementherstellung

Der Phonograph verkaufte sich im Jahre 1906 so gut, daß die Edison-Hauszeitschrift bei den Kunden um Verständnis bat, weil Aufträge für über zwei Millionen Hartwachs-Walzen trotz Zwei-Schichten-Betriebs nicht so rasch erfüllt werden konnten.

Voraussetzung für die Herstellung gleichartig bespielter Wachszylinder in großer Stückzahl war eine 1903 von Edison eingeführte originelle Vervielfältigungsmethode, die sich der – heute als Standardmethode in vielen Bereichen der Technik eingesetzten – Vakuum-Beschichtung bediente: Die Original-bespielte Mutter-Wachswalze wurde in einer Vakuumkammer mit einer hauchdünnen Schicht Gold bedampft. Auf diese Weise entstand ein genauer Abdruck der Tonrillen der Wachswalze, die nun galvanisch mit einer dickeren Metallschicht verstärkt werden konnte. Nach dem Entfernen des Wachsoriginals blieb eine haltbare negative Form, mit der viele positive Wachskopien, Tochterwalzen, hergestellt werden konnten. Die meist mit Walzern, Märschen und Spirituals bespielten, für Leute auf dem Land gedachten Musikwalzen kosteten um 1906 nur 35 Cents und waren von besserer akustischer Qualität als die konkurrierenden Schallplatten der Victor-Sprechmaschine. Trotz des höheren Preises von Dollar hatten letztere jedoch den Vorteil, daß sie schon volle zwei, etwas später sogar vier Minuten liefen; außerdem brachten sie bereits anspruchsvollere Musik, etwa Aufnahmen mit Enrico Caruso, Nellie Melba, Louise Homer, Adelina Patti, Marcella Sembrich und anderen Stars.

Edison weigerte sich lange Zeit, auf die flachen Schallplatten überzugehen, die leichter aufzubewahren und zu versenden, jedoch damals qualitativ unterlegen waren: Die Nadel sprang bei abrupter Lautstärkezunahme häufig aus den feinen Rillen heraus. Schließlich änderte Edison seine Meinung über konservative ernste Musik und über die Schallplatte: Zunächst waren 1908 auf verbesserten Wachszylindern von 4 Minuten Laufzeit mit dem Namen «Amberol» berühmte Künstler wie Antonio Scotti und Marie Rappold zu hören, 1911 kamen große, 200 bis 800 Dollar kostende Konzertphonographen «Amberola» heraus, die mit einer Diamantnadel die damals beste Tonwiedergabe erreichten. Das große Geschäft wurde aber nach wie vor mit dem billigen Edison-Phonographen für 20 Dollar gemacht, der in riesigen Stückzahlen produziert wurde.

1912 entwickelte der Erfinder – 65 Jahre alt – in monatelanger Tag- und Nachtarbeit eine harte, glatte Preßmasse für seine ersten Schallplatten, die weniger kratzende Nebengeräusche verursachten als andere Plattentypen. Seit einiger Zeit hatte er im Labor eine Kontrolluhr anbringen lassen, die nachwies, daß er im September 1912 112 Stunden pro Woche arbeitete, während der er nur einmal zu Hause erschien, um sich umzuziehen.

Schon am 7. Februar 1912 hatte er in einem New Yorker Theater mit seinem neuen «Kinetophon» einen langen «Tonfilm» vorgeführt und dabei als nachteilig empfunden, daß der mit dem Amberola separat produzierte Ton nur sieben Minuten ununterbrochen lief, während Stummfilme schon über eine Stunde abgespult werden konnten. Die «Synchronisation» besorgte der Filmvorführer von Hand, indem er über eine Schnur das Tempo des hinter der Leinwand stehenden Phonographen entsprechend der Mimik und Gestik der Schauspieler regulierte. Wegen dieser Mängel war der Erfolg solcher Tonfilme mäßig.

Dagegen lief der durch die Stars ungemein beliebt gewordene Film ebenso wie das Phonographengeschäft im Jahre 1914 wie noch nie. Zur Produktion des «Ediphons», eines Diktiergeräts für Bürozwecke, für das Edison eine automatische Korrektureinrichtung entworfen hatte, mußte ein weiterer Betrieb eingerichtet werden. Eine andere Neuheit war der «Telescribe»-Apparat, mit dem Telephongespräche aufgezeichnet werden konnten.

Im Jahre 1911 hatte der Vierundsechzigjährige seine verschiedenen Industriebetriebe unter der Bezeichnung «Thomas A. Edison Incorporated» zu einer Aktiengesellschaft zusammengefaßt. Im Februar 1914 beschäftigte er in den neuen Fabrikgebäuden aus Stahlbeton an der Valley Road in West Orange 3600 Arbeiter. Er hatte das Kunststück fertiggebracht, einen riesigen Familienbetrieb aufzubauen, der in seinen späteren Lebensjahren etwa dreißig Unternehmen einschloß und einen Jahresumsatz von 20 bis 27 Millionen Dollar erreichte. Es dürfte kaum einen anderen Erfinder gegeben haben, der sich auf derart vielen, vollkommen verschiedenen Gebieten so erfolgreich betätigt hat, angefangen mit der Wissenschaft, über die Technik, Produktions- und Firmenfragen, Verkehrs- und Bauprobleme bis zum «Füllen der Lohntüten». Es trifft wohl kaum

Edisons Betonguß-Fertighäuser

zu, was Henry Ford, der sich auf die Entwicklung einer einzigen Idee – des billigen Massenautos – beschränkt hatte, über Edison gesagt haben soll: er sei «der größte Erfinder und der schlechteste Geschäftsmann der Welt» gewesen.[165]

Sicher hätte Edison mehr Gewinn aus einem einzigen Betrieb herausholen können, wenn er sich wie Ford auf weniger Unternehmungen spezialisiert hätte. Aber das pure Geldverdienen der besessenen Geldleute war nie Edisons Ideal und nicht sein Stil. Seine Vorstellung vom Geschäft, so erläuterte er, sei der alte Gemischtwarenladen *ohne übermäßig großen, aber ständigen Profit*[166]. Als Kapitalist alter Schule strebte er keine Monopolstellung an, sondern freute sich über die Vielfältigkeit seiner Unternehmen. Buchhaltung war ihm ein Greuel. Bis zu seinem Lebensende leitete er alle Geschäfte und das Laboratorium eigenhändig – und eigenwillig. Nach wie vor erwartete er, daß alle Arbeiter und Angestellten möglichst viele Stunden arbeiteten, wobei er mit bestem Beispiel voranging. Trotz Kenntnis der rationelleren Ford- oder Taylor-Systeme stellte er seine Betriebe nicht darauf um, sondern behielt aus persönlicher Anhänglichkeit eine Reihe von älteren Arbeitern aus der Menlo Park-Zeit. Wenn er bei Auftragseinbußen einfach Leute entließ, verstanden es manche, sich vorher zu verdrücken; Entlassene konnten oft am nächsten Tag zurückkommen, ohne daß Edison etwas sagte. Er behandelte die Arbeiter als Individuen wie in der Zeit der Kleinbetriebe; umgekehrt hingen viele Arbeiter an ihm, auch wenn es – vor allem während des Ersten Weltkriegs – einige Streiks wegen der Löhne und der Arbeitszeit gab.

In seinen Betrieben hatte er Schilder anbringen lassen, die ausdrücken sollten, daß die Arbeitenden ihr Gehirn auch benutzen sollten: *Es gibt wohl keine Ausflucht, die ein Mensch nicht benutzt, um die wirkliche Arbeit des Nachdenkens zu vermeiden.*[166] Es ist sicher nicht richtig, hieraus und aus dem Ausspruch, er könne *Maschinen verbessern, aber nicht die Menschen*[166] abzuleiten, daß er von seinen Mitmenschen eine niedrige Meinung gehabt habe.

1912 kontrollierte Edison alle seine Unternehmen selbst. In den goldenen Zeiten der Film- und Phonographen-Industrie brachten seine Betriebe jährliche Gewinne bis zu zwei Millionen Dollar. Er war stolz darauf, daß er trotzdem *niemals jemandem Dividende zahlen mußte*[167], weil er den Gewinn sofort wieder in die Forschung und Entwicklung steckte. Obwohl er nun zur exklusiven Schicht amerikanischer Multimillionäre zählte, ließ sein wissenschaftlich-technischer Ehrgeiz kaum nach: «Vater war der Konkurrenz gegenüber sehr ehrgeizig», bestätigte später sein jüngster Sohn Theodore. «Sobald die anderen Firmen einen besseren Phonographen und eine bessere Schallplatte herausgebracht hatten, mußte er sie um jeden Preis übertreffen.»[168]

Am 9. Dezember 1914 brach abends in einem Holzverschlag in der

Werbung der Edison Phonograph Company, 1906

In der Phonographenfabrik

Mitte des Werksgeländes, in dem Chemikalien und Filme lagerten, ein Feuer aus, das auch auf die Ausrüstung der umgebenden Betongebäude übergriff. Ein Arbeiter kam ums Leben. Charles Edison, der in den Phonographenbetrieben arbeitete, sah seinen Vater schweigend dastehen, während sein ganzes «Empire» im «Orange Valley» brannte. Wegen der Feuerfestigkeit der Betongebäude waren sie nur für ein Drittel der Herstellungskosten von über einer Million Dollar versichert. Während Charles verzweifelt an den immensen Verlust dachte, hörte er seinen Vater trocken bemerken: *Ach was, ist gar nicht so schlimm. Wir sind auf diese Weise eine Menge alten Mist losgeworden.*[169] Dann schaltete er sich in den Abtransport der geretteten Schallplatten und Maschinen ein. 10000 Neugierige verfolgten den Brand der Fabriken, deren Mauern immerhin stehenblieben. Tags darauf leitete er die Aufräumungsarbeiten.

Ich bin jetzt siebenundsechzig, aber ich bin noch nicht zu alt für einen neuen Anfang[169], sagte er zu einem, der sein Mitgefühl ausdrückte. Er mietete in den Nachbarorten Räume, ließ darin Maschinen aufstellen und die Produktion wieder aufnehmen. Durch Bürgschaft mit seinen hohen Außenständen erhielt er bei den Banken Darlehen. Henry Ford eilte sofort nach New Jersey und lieh Edison großherzig 750000 Dollar für den Wiederaufbau. Edison zahlte das Geld in den folgenden Jahren zurück, Ford nahm jedoch keine Zinsen an. Schon nach drei Wochen waren die Edison-Werke, die Brandschäden in Höhe von 919788 Dollar registrierten, wieder weitgehend intakt. Bis 1915 stieg der Auftragsbestand – trotz Zwei-Schichten-Arbeit – auf fast 10 Millionen Dollar an.

Während der mühevollen zehnjährigen Arbeiten am Akkumulator hatte Edison weder für die Familie noch für Freunde und Hobbies Interesse und Zeit gehabt. Mrs. Edison gestand in einem Interview, das 1925 in «Collier's Weekly» unter der Schlagzeile: «Sie heiratete den schwierigsten Mann in ganz Amerika» erschien, daß sie ihr Leben dem persönlichen Dienst an ihrem Mann gewidmet habe, der es «tausendmal wert» sei. Trotz trickreicher Bemühungen gelang es ihr nicht, ihn zum Golfspiel zu animieren. Mrs. Edison und ihre Kinder «setzten seine Arbeit immer an die erste Stelle»[170]. Obwohl er sich nicht ummodeln ließ, konnte seine Frau, die er liebte und hoch achtete, einen gewissen Einfluß auf ihn nehmen. Nur sie konnte ihn ab und zu umstimmen, wenn er dickköpfig war. Jeden Tag ging er wenigstens mit ihr in den Garten; er küßte sie, wenn er das Haus verließ und wenn er heimkehrte.

Mit den Kindern kam er weniger gut zurecht: er sah sie zu selten. Mina Edison versuchte eine Entfremdung zu vermeiden, indem sie ihren ältesten, hübschen und lebenslustigen Sohn Charles in den Ferien beim Vater im Labor helfen ließ, anfangs sogar beim Spülen von Flaschen. Er studierte später am Massachusetts Institute of Technology (MIT) und arbeitete dann ab 1914 als Volontär in verschiedenen Edison-Betrieben. Um 1915 schrieb Charles Balladen und kleine Gedichte für «Bruno's Weekly», eine

Nach dem Brand der Edison-Werke in West Orange, 1914

Künstlerzeitschrift in Greenwich Village. Auch bei einem New Yorker Theater machte er mit. Mit dem Vater kam er gut aus. In den zwanziger Jahren war er Stellvertreter seines Vaters, Vizepräsident und erster Manager. 1928, nach der Pensionierung Edisons, wurde er auf Wunsch seiner Mutter Leiter der Thomas A. Edison Inc.

Der 1898 geborene jüngste Sohn Theodore besuchte wie Charles gute Privatschulen und das MIT; er entpuppte sich zur Verwunderung und zum Entsetzen des Vaters als begeisterter und begabter Physikstudent, der dickköpfig wie sein Vater gegen dessen Widerstand – wegen seiner Abneigung gegenüber der reinen Theorie – weiterstudierte. Einmal hatte Theodore nach einem Streit die Koffer gepackt, um West Orange zu verlassen. Doch der Vater hielt ihn zurück und ließ ihn in einem kleinen Labor nach eigenen Methoden arbeiten. Zwei Jahre nach der Pensionierung des Vaters wurde er zum technischen Direktor des Edison-Laboratoriums ernannt.

Auch bei der Erziehung der Tochter Madelaine ließ Mina sich von Edison nicht dreinreden: Sie durfte am Bryn Mawr College studieren. 1914 heiratete sie John Eyre Sloane aus South Orange, New Jersey.

Während seine zweite Frau also ihre Kinder in eigener Regie mit Erfolg erzogen hatte, war die Erziehung und Ausbildung der Söhne Edisons aus erster Ehe ein Fehlschlag, woran er selbst nicht ganz unschuldig war. Mina Edison bemühte sich zwar um die Stiefkinder, jedoch war es für sie wohl schwierig, da sie nur wenige Jahre älter als Charles und Marion war.

Dem ältesten kränkelnden Sohn Tom jun. hatte der Vater nach Beendigung der höheren Schule vom College-Besuch abgeraten. Er, der etwas verträumt und im Grunde liebenswert war, arbeitete gleichfalls gelegentlich in West Orange im väterlichen Labor. Später zog er fort und geriet zeitweise, unter dem Einfluß von Alkohol, auf die schiefe Bahn. Gauner gewannen ihn mehrfach als Partner für zweifelhafte Firmengründungen: 1898 war es eine «Thomas A. Edison jun. Electric Company», die ein Gerät zum «Photographieren der Gedanken» propagierte. Nach deren Bankrott entstand die «Edison jun. Chemical Company», deren «Elektrischer Vitalisator» alle Krankheiten heilen sollte. Der um seinen Ruf besorgte Edison bekam heraus, daß sein Sohn von betrügerischen Teilhabern ausgenutzt wurde, die ihm die Verwendung des Namens Edison für wenig Geld abgeschwindelt hatten. Aus juristischen Gründen verstieß er Tom jun. formell, nahm ihn jedoch anschließend in seine Betriebe auf. 1936 beging der an einer chronischen Krankheit leidende Tom jun. fünf Jahre nach dem Tod seines Vaters, im Alter von 60 Jahren, Selbstmord.

Mit seinem dickköpfigen, hitzigen Sohn William Leslie hatte Edison gleichfalls Probleme: Er gab sich als Playboy, meldete sich gegen den Wunsch seines Vaters freiwillig zum Militärdienst im Spanisch-Amerikanischen Krieg. 1918, im Alter von 40 Jahren, diente er bei einer Panzertruppe des amerikanischen Expeditionskorps. Nach vergeblichen Versuchen als Geschäftsmann wurde er Gutsherr in New Jersey; dem Vater gegenüber blieb er feindselig. 1932 focht er das väterliche Testament an,

Die Familie Edison, 1907. Von rechts nach links: T. A. Edison. Charles, Theodore, Mina Edison, Madelaine

in dem ihm nur wenig Geld zugesprochen worden war; er erreichte nur einen Vergleich. 1941 starb er, ohne Kinder zu hinterlassen.

Die selbstbewußte Stieftochter Marion entwickelte gegenüber der nur wenig älteren Stiefmutter eine gewisse Eifersucht. Sie blieb nach ihrem Studium in Europa und heiratete dort einen deutschen Offizier. Nach dem Ersten Weltkrieg kam sie als geschiedene Frau in die USA zurück, wo sie ein freundschaftliches Verhältnis zu den jüngeren Kindern Edisons aufrechthielt.

Der Ruhm als Volksheld

Schon bei der Weltausstellung in St. Louis 1904, in der das 25. Jubiläum der Edisonschen Kohlefadenlampe und des Zentralkraftwerks mit einer »Edisonia»-Schau seiner Erfindungen gefeiert wurde, hatte man sich überboten, ihm zu huldigen. Das American Institute of Electrical Engineers feierte seinen Geburtstag einige Wochen vor der Eröffnung bei einem Bankett mit fünfhundert Gästen im Waldorf-Astoria-Hotel in New York. Von da an wurde jedes Jahr zu seinem Geburtstag eingehend über ihn berichtet: Er war schon zu Lebzeiten eine historische Figur geworden. Als Edison sich seinem 70. Geburtstag näherte, wuchs sein Ruhm als amerikanischer Volksheld und Vater der Elektrizität. Mit zunehmendem Alter schien er sogar Freude daran zu haben, auf Jahresversammlungen der Elektrizitätsgesellschaften – die zwar oft noch seinen Namen trugen, denen er aber nicht mehr vorstand und von denen er auch keine Tantiemen mehr erhielt – als *einfacher, demokratischer alter Mann* Ansprachen zu halten und dort seine inzwischen in hohen Positionen sitzenden alten Mitarbeiter zu treffen. Da die Elektroindustrie eine Vater-Figur für ihre Branche nicht ungern sah, und Edison politisch meist konservativ dachte, war er in diesen Kreisen geschätzt und des Beifalls sicher, auch wenn er nur kurze Grußworte aussprach. Wiederholt wurde er in Meinungsumfragen von Zeitungen und Illustrierten zum größten Amerikaner gewählt.[171]

Das gute Verhältnis zur Presse beruhte auf Gegenseitigkeit: Für ihn und seine Erzeugnisse bedeutete es kostenlose Reklame, die sich auch auf Geldleute und Aktien auswirkte. Die Reporter konnten regelmäßig Sensationen oder wenigstens Neuigkeiten von allgemeinem Interesse erwarten. Darüber hinaus schätzten sie sein originelles, oft provozierendes Auftreten bei Interviews, seine volksnahe, markige Ausdrucksweise, den spöttelnden Humor. Als ihn ein Zeitungsmann zum Geburtstag beglückwünschte, brummte er: *Was zum Teufel soll das: einem Mann dazu zu gratulieren, daß er alt wird!*[172] Nicht zuletzt wurde er in aller Welt und von führenden Wissenschaftlern als großer und genialer Erfinder anerkannt. Er kam beim Volk als Held deshalb so gut an, weil er trotz komplizierter und erfolgreicher Technik und Wissenschaft «ein ganz gewöhnlicher Mensch» zu sein schien, der sich aus unscheinbaren Verhältnissen hochgearbeitet hatte, symbolisch für die ungeahnten Möglichkeiten, die das freie Land jedem zu bieten schien. Wie er sich selbst seinen Erfolg erkläre, wurde er häufig gefragt. Er hielt viel von der Arbeit: *Genie ist 99% Transpiration und 1% Inspiration.*[172]

Obwohl seine Kräfte im Alter doch sichtbar nachließen, arbeitete er mit 75 Jahren immer noch sechzehn Stunden am Tag. Offensichtlich schämte er sich, wenn er nicht gerade «busy» angetroffen wurde. Seine von der calvinistischen Mutter übernommene puritanische Ethik gab das Lebensziel vor: *Arbeit – der Natur ihre Geheimnisse entlocken und sie zum Vorteil der Menschen verwenden.*[173] Er würde niemals müde werden, *bis die Ärzte die Sauerstoff-Flasche hereinbringen.* Mit vier Stunden Schlaf pro Tag, später mit fünf, kam er offenbar aus. Für Gymnastik oder Sport hatte er keine Zeit: *Ich brauche meinen Körper nur, um damit mein Gehirn herumzutragen*[172]; keine unbedingt nachahmenswerte Einstellung.

Edison bei der Verleihung des Ehrendoktors der Wissenschaften an der Princeton University (1915). Weitere Doktorhüte erhielt er vom Union College, Schenectady, New York (26. Juni 1878), von der Western University of Pennsylvania, vom Rutgers College (heute Rutgers University, am 18. Juni 1879), von der New York State University (1914), vom Rollins College, Florida, und vom Mt. Union College (1931)

Empfehlenswerter war seine Ansicht, die Amerikaner sollten *ihren Nahrungsverbrauch einschränken*.

In zahllosen Interviews wurde er um seine Meinung über aktuelle Geschehnisse und prinzipielle Fragen gebeten. Zur schon damals aufgekommenen Kritik am Goldstandard konnte er auf Grund seiner Erfahrungen Stellung nehmen: Geldmakler und Wucherer, die durch den erfundenen Goldwert profitierten, hatte er noch nie leiden können. Der Goldstandard sei *eine Schwindeleinrichtung, mit deren Hilfe man Macht über das Geld hat*; er solle durch Warendollars ersetzt werden. Das Bundesreservegesetz von 1913 begrüßte er, hielt es aber für unzureichend.[174]

Für den um 1910 an Boden gewinnenden Sozialismus und dessen Kampf gegen den Kapitalismus hatte Edison trotz seiner Geringschätzung der Geldspekulanten nicht viel übrig: Sozialismus sei kein Heilmittel gegen die Übel der Zeit. *Wie die Menschen heute sind, wird es immer Kapitalisten und Arbeiter geben. Kapitalismus ist nur ein von Generationen zusammengetragener Reichtum. Jemand muß die Verantwortung für diesen Reichtum übernehmen und ihn für die restliche Menschheit verwalten.* Die Menschen seien nun einmal erwiesenermaßen ungleich begabt. Zur Anklage der Sozialisten, die meisten Menschen seien «Lohnsklaven», meinte er: *Die Sklaverei wird nicht eher ihr Ende finden, bis jede jetzt von menschlicher Hand geleistete Arbeit durch eine Maschine verrichtet wird.*[175] Edison war voll und ganz für den Individualismus, wenn seine Produkte auch paradoxerweise zur Massenproduktion und Massenunterhaltung beitrugen.

Es scheint, als habe er Spaß an Aufregungen und Kontroversen gehabt, die er durch ungenierte aggressive Bemerkungen über tabuisierte Themen auslöste: Im Spätherbst 1910 brachte er zahllose gläubige Menschen auf die Barrikaden, als er offen bekannte, unreligiös und ein Freidenker zu sein: *Ein persönlicher Gott bedeutet mir absolut gar nichts.* Der Begriff Gott sei eine *Abstraktion*, und *Milliarden von Gebeten* hätten weder Naturkatastrophen noch Kriege abwenden können.[176] Kirche, Laien, Geschäftsleute waren entsetzt, es hagelte Protestbriefe. Selbst von den Kanzeln wurde gegen die materialistische Haltung des berühmten Erfinders gewettert. Mutig und stur, wie er war, gab er keine Ruhe: Auf die Frage eines Pfarrers nach dem Wert des Blitzableiters für seinen Kirchturm, antwortete er boshaft: *Unentbehrlich für den Fall, daß die Vorsehung einmal zerstreut ist.*[177] Konsequent verteidigte er seinen zumindest prägnant begründeten Standpunkt: *Die Kritik, die man gegen mich vorbrachte, macht mir keine Sorgen. Der Mensch kann seine Anschauungen nicht willkürlich steuern ... Ich versuche genau das zu sagen, was ich wirklich für die Wahrheit halte ... Ich habe nie den geringsten Beweis für die religiösen Theorien von Himmel und Hölle, für ein zukünftiges Leben der Menschen oder für einen persönlichen Gott gefunden ... Ich bewege mich in bestimmten Geistesregionen, die in erster Linie durch meine Arbeit geprägt wurden; man mag diese Arbeit mechanisch nennen ... Beweise, Beweise! Die habe ich immer gesucht. Ich kenne die Seele nicht, ich kenne den Geist. Wenn es wirklich eine Seele geben sollte, so bin ich ihr in meinen Untersuchungen nicht begegnet. Aber ich habe wiederholt Beweise für den Geist gefunden ... Ich glaube nicht an den Gott der Theologen. Aber daß es einen über Allem stehenden Geist gibt, das bezweifle ich nicht.*[178] 1916 schrieb er zu Ehren des freidenkerischen Thomas Paine ein Vorwort für die Neuausgabe von dessen Werken, in dem er sich Paines Meinung anschließt, daß «die Wahrheit von den Gesetzen der Natur regiert wird und nicht verleugnet werden kann» und «Die Welt ist meine Heimat; das Gute zu tun, ist meine Religion»[178].

Seine religiöse Frau Mina teilte weder seine Ansichten noch stritt sie mit ihm darüber. Sie stellte sich nach wie vor in den Dienst der Methodistenkirche und spendete Gelder zum Bau der Kirche in East Orange. Schon 1908 hatte Edison in einem – liebevollen – Brief an sie eine Kostprobe seiner kritischen Einstellung gegeben, als er sich auf eine Rede des Präsidenten McKinley bezog, in der dieser Gott für den amerikanischen Sieg über Spanien gedankt hatte: *Aber der gleiche Gott hat uns das Gelbfieber gegeben, und um konsequent zu sein, müßte McKinley ihm auch dafür gedankt haben. So sehen wir überall schreckliche Widersprüche um das Geheimnis des Lebens.*[179]

Als Mina Edison eines Tages gleich sechs Methodisten-Bischöfe zum Sonntagessen einlud, ohne ihn vorher zu informieren, kam es zu einer von Edison angezettelten heftigen Auseinandersetzung über die Bibel: er beendete sie mit den Worten: *Ich will mir diesen Unsinn nicht länger anhören* und stürmte davon.[180]

Einmal äußerte Edison auch die Vermutung, es sei möglich, daß der Mensch in irgendeiner Form nach dem Tode weiterlebe. Es ist verständlich, daß er nichts von dem um 1920 vielbeachteten Spiritismus hielt, jedoch übernahm er den Begriff Lebenseinheiten und spekulierte damit nach Herzenslust: Die menschlichen Zellen besäßen Intelligenz, und die menschliche Intelligenz bestehe aus der Summe der Intelligenzen aller Zellen oder Lebenseinheiten. Beweise mußte er allerdings schuldig bleiben.

Für die religiösen Menschen seiner Zeit waren auch diese Äußerungen schwer zu verkraften. 1920 kam Edison noch einmal auf das Weiterleben nach dem Tode zurück; mit einer Idee, die heute im Zeitalter der Astronautik nicht unoriginell erscheint: *Ich arbeite zur Zeit an dem empfindlichsten Gerät, das ich je zu konstruieren versucht habe. Es könnte von Wesen in einer anderen Existenzsphäre bedient werden, die mit uns Kontakt aufnehmen möchten. Es wird ihnen bessere Möglichkeiten bieten, sich verständlich zu machen, als die Alphabettafeln der Spiritisten oder das Tischerücken.*[181] Man wird an die von der NASA entwickelte, auf dem Mond deponierte Plakette erinnert, die extraterrestrischen Wesen Aufschluß über den Menschen geben soll. Das Ganze verursachte neue Aufregung. Henry Ford, dessen schlichtem Gemüt die Unreligiösität des bewunderten Edison Sorgen machte, war erleichtert: «Das größte Ereignis der letzten 50 Jahre ist der Schluß von Mr. Edison, daß es für uns alle ein künftiges Leben gibt.»[182]

Auch zum Thema Bildung wurde Edison – in den Jahren 1911 bis 1914 – von Reportern interviewt; und auch hier stach er aggressiv in ein Wespennest; hitzige Grundsatzdebatten und Spott waren die vorhersehbare Folge. Von formeller Ausbildung und Universitätsstudium hielt er überhaupt nichts – sicher ein zu einseitiger Standpunkt. Kinder sollten selbst die Natur beobachten, statt das Gehirn mit auswendig Gelerntem zu belasten. Damals bestand die vorherrschende Lehrmethode allerdings in der Tat im Auswendiglernen von vorbereiteten Lektionen. *Das gegenwärtige System zwingt das Gehirn in eine Schablone. Es ermutigt nicht zu selbständigem Denken oder Überlegen ... Die Dinge im Entstehungsprozeß zu beobachten – das zählt.*[182] Die Montessori-Methode, die durch Spiele lehrt, hielt er für besser.

Sicher hatte er in mancher Hinsicht recht; heute noch wird nach besseren Schul- und Hochschullehr- und -lernmethoden gesucht. In anderen Punkten ging er aber eindeutig zu weit, was wohl darauf zurückzuführen ist, daß er zu subjektiv von sich selbst ausging und zu wenig berücksichtigte, daß er in Wahrheit atypisch war: *Ich würde keinen Heller für einen durchschnittlichen College-Absolventen geben, ausgenommen die Absolventen einer technischen Hochschule ... Die haben wenigstens nicht den Kopf voll mit Latein, Philosophie und ähnlichem albernen Zeug ... In drei oder vier Jahrhunderten, wenn das Land ganz besiedelt ist und der Handelsgeist nachgelassen hat, wird Zeit für Literaten sein.*[183]

In Anbetracht der Tatsache, daß die Erziehung seiner Kinder aus erster Ehe schiefgegangen war, wäre Edison Zurückhaltung in dieser Frage besser gestanden.

Sein damals ungewöhnlicher Vorschlag, Filme für den Unterricht einzusetzen, war aus heutiger Sicht sinnvoller, wurde aber von Gutachtern nach einer Vorführung in West Orange verspottet. Wie sollte man Algebra durch Filme lehren? Edisons Antwort war genauso kurzsichtig: Algebra habe wenig praktischen Wert. *Ich kann Mathematiker für fünfzehn Dollar pro Woche anstellen, aber sie können mich nicht anstellen.*[183] Inzwischen ist diese Streitfrage gelöst: Mathematik-Programme im Fernsehen sind heute Routine. Einer der gutachtenden Professoren konnte sich nicht vorstellen, wie Edison den – unsichtbaren – Dampf in einer Dampfmaschine filmen wolle, worauf Edison sachkundig erwiderte, daß er den Dampf mit Ammoniak und Salzsäure, die zusammen Ammoniumchlorid-Nebel bilden, sichtbar machen würde.[184]

Die aufkommenden Intelligenztests faszinierten Edison. Er entwarf ein für Stellenbewerber in seinen Betrieben gedachtes «Ignoramometer». Am wichtigsten sei ein gutes Gedächtnis und ein Reservoir an nützlichem Wissen. Auch hier schoß er über das Ziel hinaus. Er freute sich kindlich darüber, nachgewiesen zu haben, daß College-Bildung nur zu ca. 10 Prozent zu befriedigenden oder ausreichenden Antworten führe. Manche College-Professoren würde er niemals einstellen! Die Schulbehörden spotteten über Edison und warfen ihm jetzt umgekehrt – mit einigem Recht – vor, daß er bei seinen Testfragen zuviel Gewicht auf auswendiggelernte Fakten lege und zuwenig auf das selbständige Denken. In einigen Journalen wurde Edison aufgefordert, sich selbst einem solchen Test zu stellen. Mit den Worten: *Ich gebe niemals jemand anderem eine Medi-*

Der Beratungsausschuß der Marine, in Washington, D. C. Links neben Edison (auf der vordersten Stufe in der Mitte) Minister Daniels, daneben Staatssekretär Franklin D. Roosevelt. Rechts neben Edison sein Chefingenieur M. R. Hutchinson

zin, die ich nicht selbst nehmen würde [185], nahm er die Herausforderung an und bot eine glänzende Leistung.

Einige Monate nach Ausbruch des Ersten Weltkriegs in Europa im August 1914 waren Edison und seine Frau Gäste bei den Fords in Dearborn, Michigan. Der Krieg mache ihn *ganz krank*, er wolle nichts damit zu tun haben, sagte er. *Dinge zur Tötung von Menschen herzustellen, geht mir einfach gegen den Strich.* [186] Henry Ford, zu dieser Zeit einer der größten Industriellen der Welt, war der Ansicht, daß sich Amerika aus dem Krieg heraushalten sollte, und freute sich daher über die Einstellung seines verehrten Freundes Edison. Um so schockierter war der Automobilmagnat, als er im späten Frühjahr aus den Zeitungen erfuhr, daß Edison seine Meinung geändert hatte und sich Gruppen anschloß, die für Vorbereitungen zum Eintritt der USA in den Krieg plädierten. Ford weigerte sich auch, zu glauben, daß Edison im Juli 1915 eine Einladung der Regierung angenommen hatte, eine Gruppe von Wissenschaftlern und Erfindern zu leiten, die das Militär in Fragen modernen Kriegsgerätes beraten sollte. Die beiden bereinigten diesen Streitpunkt jedoch freundschaftlich. Ford versuchte Edison beharrlich für seine schwärmerische Friedensmission zu gewinnen, bei der um Weihnachten 1915 außer ihnen weitere bekannte Persönlichkeiten mit einem «Friedensschiff» nach Europa reisen sollten, um die kämpfenden Parteien zu einigen. Edison lehnte ab, obwohl ihm Ford bei der Abreise sogar eine Million Dollar geboten haben soll.[187]

Nachdem die mit vielen amerikanischen Passagieren besetzte «S. S. Lusitania» im Mai 1915 durch ein deutsches Unterseeboot versenkt worden war, bemerkte Edison, obwohl er den Eintritt der USA in den Krieg nicht wollte, ... *glaube ich, wir sollten dafür bereit sein ... Wir sollten die Ausrüstung für eine Armee verfügbar haben.*[188] Zur Vorbereitung sollten wie in Deutschland Wissenschaftler herangezogen werden. Wenn sein Land seine erfinderische Erfahrung für den Schutz vor Angriffen benötige, sei er gewillt, dem Ruf zu folgen.[189] Der Marineminister J. Daniels bat ihn am 7. Juli 1915, «den Seestreitkräften und dem ganzen Land diesen außerordentlichen Dienst» zu erweisen. Mit Zustimmung von Präsident Wilson reiste Daniels nach West Orange, um über den geplanten Ausschuß zu beraten. Es ehrt Edison, daß er veranlaßte, die führenden Verbände sollten hervorragende Persönlichkeiten aus verschiedenen Fachgebieten benennen. Es kam eine eindrucksvolle Gruppe von Personen zusammen, die auf Edisons Vorschlag sogar einen Mathematikprofessor des MIT einschloß: L. H. Baekeland, W. R. Whitney, F. J. Sprague, H. Maxim, P. C. Hewitt, E. Sperry, A. Compton, R. Millikan, L. De Forest und andere. In der ersten Sitzung im Oktober 1915 wurde Edison offiziell zum Präsidenten ernannt. Da er aber fast nichts hören konnte, wurde der Ingenieur W. H. Saunders zum amtierenden Vorsitzenden bestimmt.

Während die Presse berichtete, daß nun der «Zauberer» das Land gegen die deutschen U-Boote verteidigen helfe, waren die Admirale dem «Erfinderausschuß» gegenüber extrem zurückhaltend. Die Wissenschaftler durften an einer kleinen Rundfahrt an Bord der «S. S. Mayflower» teilnehmen; einen Auftrag erhielten sie nicht. Die vielen Vorschläge anderer Erfinder und Privatleute landeten unbearbeitet in den Aktenschränken des Ministeriums.

Der Krieg zwang Edison, als Ersatz für die bislang aus Deutschland und England eingeführten chemischen Industrieprodukte zur Herstellung der Schallplatten und der Akkumulatoren eine Reihe von Chemikalien selbst zu produzieren. Anfang 1915 entstanden chemische Fabriken für Benzol, Nitrobenzol, Anilin, Acetanilid, para-Phenylendiamin, para-Aminophenol, Phenol (Karbolsäure), Benzidin, aromatische Chlorverbindungen. Einige Chemikalien konnte er gewinnbringend an die Textil-, Farbstoff- und Arzneimittel-Industrie verkaufen. Eine Reihe von grundlegenden Verfahren und Apparaturen wurden patentiert. Mit einer Belegschaft von 6000 Beschäftigten florierten seine Betriebe in der Kriegskonjunktur.

Im Oktober reiste Edison mit seiner Frau und dem Sohn Charles, begleitet von Henry Ford, zur Panama-Pacific-Ausstellung nach San Francisco, wo die beiden Volkshelden am «Edison-Tag», dem Jahrestag der Glühlampenerfindung, im offenen Auto durch die Stadt fahrend, von 50000 Menschen umjubelt wurden.

Am 13. Mai 1916 marschierte der fast siebzigjährige, weißhaarige Edison auf Bitten von Minister Daniels unter stürmischem Beifall an der Spitze einer Rüstungsparade durch die Fifth Avenue in New York, mit der das Rüstungsprogramm unterstützt werden sollte, als die Spannungen zwischen Deutschland und den USA zunahmen.

Edison leistete, trotz des Desinteresses der Militärs, im Beratungsausschuß der Marine sinnvolle Arbeit: Die größte unmittelbare Gefahr für die USA ging von den deutschen U-Booten aus; also forderte er das Erstellen bis dahin nicht existierender Seekarten mit den Positionen der versenkten Schiffe, die dann tatsächlich auf den Aktionsradius der U-Boote schließen ließen. Dies trug zur Überwindung der U-Boot-Gefahr bei, die Minister Daniels so groß schien, daß er Ende Dezember 1916 Edison mitteilte, der Krieg sei für die Alliierten verloren, wenn sie nicht abgewendet werde. Edison überließ seine Geschäfte anderen und entwarf mechanische U-Boot-Abwehrgeräte: Anti-Torpedo-Netze, Turbinenköpfe für Geschosse, Kollisionsmatten, Vorrichtungen zum raschen Wenden von Schiffen, Ortungsgeräte für Torpedos und ein Unterwassermikrophon zur Ortung von U-Booten. Während dieser Arbeiten begann im April 1917 der Krieg der USA mit Deutschland.

Insgesamt gesehen war Edison aber von der Kriegsmarine extrem enttäuscht: *Ich machte während des Krieges etwa fünfundvierzig sehr gute Erfindungen, und sie schoben alles auf die lange Bank. Die Marineoffiziere nehmen jede Einmischung von Zivilisten übel. Diese Burschen sind eine geschlossene Gesellschaft.*[190]

Als Beitrag Edisons zur nationalen Verteidigung der USA erwies sich auch das von ihm konzipierte Forschungslaboratorium der Marine zur Entwicklung neuer Waffen. Bis dahin hatten die amerikanischen Streitkräfte – seit über hundert Jahren – weder technische Forschung betrieben noch Geld dafür ausgegeben. Erst nach dem Krieg konnte Edison diese Institution gegen erheblichen bürokratischen Widerstand durchsetzen, jedoch nicht unter einer von ihm – und dem berühmten technischen Chemiker Baekeland, dem Erfinder des Bakelits – als lebenswichtig erachteten zivilen Leitung; Standort wurde auch nicht, wie er vorschlug, New York, sondern Washington. Der politische Einfluß des Marinestabs war offensichtlich erheblich. Edison war von da an unversöhnlich verärgert. Die auf Minister Daniels Betreiben 1920 verliehene Kriegsverdienstmedaille lehnte er mit der Begründung ab, daß andere zivile Wissenschaftler die gleiche Auszeichnung verdient hätten, deren Gefühle er nicht verletzen wolle.[191]

Nach dem Ende des Krieges war mit einem Rückgang der Hochkonjunktur zu rechnen. Edison mußte seine für die Kriegszeit gebauten chemischen Fabriken schließen und mehrere hundert Arbeiter entlassen. Er bestand aber wie immer darauf, daß seine Mitarbeiter aus der alten Zeit blieben, auch wenn sie zum Teil nachweislich «rein überhaupt nichts taten», wie sein Sohn Charles feststellte, der den Großteil der Verwaltungsarbeiten übernommen hatte und sich gegen den Widerstand des Vaters bemühte, in den Betrieben bessere Arbeitsbedingungen zu verwirkli-

Präsident Hoover, Henry Ford, Edison und Harvey Firestone (v. l. n. r.) bei Fort Myers, Florida, an Edisons 82. Geburtstag, 1929

chen. Er hatte es schon 1914 bei seinem Eintritt in das Akkumulatoren-Werk als deprimierend empfunden, daß die Männer bis zu zwölf Stunden täglich arbeiteten und anschließend in die gegenüberliegenden Kneipen gingen. Außer einem Streit wegen der Entlassungen von 1920 gab es ein für Charles niederschmetterndes Ereignis: der Vater setzte die gerade aufgebaute neue große Personalabteilung kurzerhand an die Luft.

Der Automobilkönig Henry Ford hielt große Stücke auf Edison und hatte eine fast abergläubische Ehrfurcht vor ihm, spätestens seit er einen zweiten entscheidenden Ratschlag erhalten hatte: 1909 soll Ford unangemeldet im Labor in West Orange erschienen sein. Er kämpfte damals vor Gericht gegen das Monopol der Detroiter Produktionsgesellschaft, die im Besitz der Motorenpatente von G. B. Selden waren. Von der Entscheidung für oder gegen das Lizenzmonopol hing die geplante Massenproduktion des gerade entstehenden «Modells T» ab. Der aus Erfahrung schlau gewordene Edison riet von dem Automobil-Handelsverband ab, und Ford gewann 1911. Seine Produktion und die Gewinne wuchsen daraufhin immens. 1914 wurde Ford weltberühmt, als er einen Mindestlohn von 5 Dollar pro Tag einführte. Edison zahlte zwar nur zweieinhalb Dollar täglich, billigte aber Fords Initiative und nannte sie eine *Industrielle Revolution.*

Die geschäftliche Beziehung der erfolgreichen Männer war eine herbe Enttäuschung für beide: Ford war in seiner Freundschaft so großzügig, bei der verbesserten Ausrüstung des vielverkauften Modells T mit elektrischen Lampen und mit Anlasser anstatt der Handkurbel Edison-Batterien – und nicht Bleiakkus – einzuplanen. Die Ford Motor Company zahlte 1914 sogar 1,15 Millionen Dollar im voraus, wofür 100000 neu zu entwickelnde Batterie-Lichtmaschinen-Einheiten hätten geliefert werden sollen. Es stellte sich rasch heraus, daß die Nickel-Eisen-Batterie als Stromquelle für einen Anlasser nicht geeignet war. Nach dem Brand der Edison-Betriebe in West Orange half Ford jedoch Edison, indem er ein kleines elektrisches Auto baute, in das die bestellten Batterien besser paßten. Damit nicht genug, wies er seine Ingenieure, die 1915 mit einem Elektroauto mit Bleiakku experimentierten, an, «sie sollten nicht einen Wagen für Schwefelsäure-Batterien bauen, sondern Edisons Batterien benutzen»[192].

Ihre persönliche Freundschaft wurde immer enger, gefördert durch gemeinsame Interessen und ähnliche Herkunft, obwohl Temperament und Charakter recht verschieden waren. Während Edison über ein großes Wissen verfügte und als Realist objektiv und kritisch urteilte, war Ford völlig ungebildet, ein schwerfälliger Unterhaltungspartner und sentimental genug, um in Dearborn ohne Rücksicht auf die Kosten das Dorf seiner Jugendzeit haargenau wiederaufbauen zu lassen. Unbestritten hatte er ein überragendes Ingenieurtalent, aber auch ein Faible für Macht. Er konnte es sich jetzt leisten, umherzureisen und Interviews zu Tagesthemen zu geben. Gern sah er sich als großen Menschenfreund. Während Edison ihn «Henry» nannte, blieb Ford bei «Mr. Edison».[193]

Der unter dem Einfluß von John Burroughs stehende und von dessen Naturbegeisterung angesteckte Henry Ford war, als er im Februar 1914 mit seiner Frau zu einem längeren Besuch der Edisons in Fort Myers weilte, so fasziniert von den Everglades, daß er sich in der Nähe von Edisons Seminole Lodge selbst ein Winterhaus kaufte. Einige Monate später nahm er während der Panama-Pacific-Ausstellung in San Francisco Edison und seinen Gummireifen-Lieferanten Harvey Firestone zur Plantage des Botanikers Luther Burbank in Santa Rosa mit. Auf der Autofahrt nach Kalifornien beschlossen Edison, Ford, Firestone und Burroughs, im Sommer eine längere Campingfahrt zu unternehmen. Tatsächlich kam es nach Vorbereitungen durch Edison zur ersten «Expedition» durch den Staat New York, die am 28. August begann und nur zehn Tage dauerte; Ford war im letzten Augenblick aus geschäftlichen Gründen verhindert.

Im Sommer 1918 brachen die Millionäre zur zweiten »Zigeunerfahrt», diesmal durch die Great Smoky Mountains, auf, von Reportern verfolgt. Ein luxuriöser Küchenwagen, mehrere Proviantwagen und Personal dienten zur Versorgung. Burroughs schrieb über Edison, der bei jedem

Halt ein Buch herausholte: «Er kann wochenlang primitiv leben und glücklich sein»; Ein «scharfer und origineller Denker».[194] Als die Campingfahrten mit Ford und Firestone – inzwischen eine Karawane mit 50 Wagen – immer mehr in Reklameshows ausarteten, und als Burroughs 1921 starb, fuhr Edison nicht mehr mit.

Während Ford auch eine politische Karriere anstrebte, betonte Edison, er wolle als der «einfache Thomas Alva Edison» sterben. Über Ford schrieb er 1918 folgende Zeilen, zugleich eine originell-provozierende Definition eines Erfinders: *Er ist ein Erfinder. Erfinder müssen Dichter sein, damit sie Phantasie haben können. Um geschäftlich erfolgreich zu sein, müssen sie den praktischen Sinn eines irischen Maurerpoliers und eines jüdischen Maklers besitzen.*[195]

Im Alter war Edison wie Ford gegen rasche soziale Umschichtungen. Vorwürfe von Reformern, sie seien Ausbeuter und würden Reichtümer horten, wiesen beide weit von sich. Kämpfe zwischen Kapital und Arbeiterschaft lagen nach Edison *in der Natur der Sache*, Großindustrielle kämen durch den Prozeß der Evolution hoch. Beide Millionäre drückten ihre Verachtung für das reine Geldscheffeln aus; der «ärmere» Edison hatte damals einen jährlichen Gewinn von über einer Million Dollar. 1923 äußerte er sich allerdings vor Filmproduzenten, wohl weil er die Entwicklung voraussah: *Vergessen Sie das nicht: Sie dürfen nie an den Gewinn denken, sondern nur an den Dienst an der Öffentlichkeit.*[196]

Da er in Erfindungen, Industrieprojekten und im Komfort wahren Reichtum verkörpert sah, der durch Erfinder wie ihn neu geschaffen werden konnte – der Wert der Elektrizitäts- und Energieindustrie Amerikas betrug 1922 mehr als 15 Milliarden Dollar –, bedeutete ihm Geld wenig, obwohl er dessen Möglichkeiten aus Erfahrung kannte. Reine «Geldleute» waren für Edison – wie für Ford – Parasiten. Es ist Edison in diesem Zusammenhang vorgeworfen worden, nichts gegen Fords im Mai 1920 geäußerte antisemitische Bemerkungen unternommen zu haben. Ford nahm diese nach einigen Prozessen zwei Jahre später wieder zurück; den beleidigten Personen zahlte er Schadensersatz. Edison hat als Fords einflußreichster Freund in der Tat nicht dazu Stellung genommen; daraus kann aber nicht auf eine Gesinnung, wie sie Ford mit seiner deplacierten, geradezu fanatischen Kampagne zur Schau trug, geschlossen werden. Und doch war Edison als alter Mann schrullig, unbesonnen und geschmacklos genug, ähnlich wie die Christen im gleichen Jahr auch die Juden vor den Kopf zu stoßen, indem er die Ursache des Ersten Weltkriegs in Zusammenhang mit der durch die Juden mitbedingten Wirtschaftsmacht Deutschlands brachte. Nach heftigen Protesten bestritt Edison, daß er die deutschen Juden eines Unrechts beschuldigen oder behaupten wollte, sie hätten den Krieg *angefangen*. Er habe ausdrücken wollen, daß man den Juden einen größeren Anteil an Deutschlands wirtschaftlichem Aufschwung als bisher einräumen müsse. ... *die Deutschland beherrschende Gruppe von Militärs hatte Verstand genug, dem Rat der großen jüdischen Bankiers und Geschäftsleute zu folgen und den Industriekapitänen freie Hand zu lassen.*[197]

Aktivitäten im Alter

1922 stattete Edison der General Electric Company in Schenectady, dem Nachfolgeunternehmen seiner Edison Machine Works, die jetzt 18000 Beschäftigte hatte, einen offiziellen Besuch ab. Bekannte Wissenschaftler wie Dr. Steinmetz, W. R. Whitney, W. D. Coolidge und Dr. Irving Langmuir führten ihm eine Reihe von Neuerungen vor, darunter Wolframglühfäden und Vakuumröhren.

Edison beurteilte die dort geübte Teamarbeit nicht sehr positiv; er sah das *Übergewicht der Organisation*, die dauernden Konferenzen. Tatsächlich hielten sich die Erfolge großer Labors zwischen 1900 und 1940 in den USA in Grenzen; die großen Erfolge wurden von kleineren Gruppen erzielt, die von einer überragenden Persönlichkeit geleitet wurden.

Ende seiner siebziger Jahre arbeitete Edison vorwiegend am Phonographen, an Büromaschinen und Batterien. Nach 1923 begannen mit dem Aufkommen des Radios und neuer elektronischer Phonographen die Geschäfte Edisons rapide nachzulassen; die Konkurrenz hatte auf diesem Sektor eine Führungsrolle übernommen, die Edisons Söhne Charles und Theodore stark beunruhigte. Edison widersetzte sich ihren dringenden Bitten, Radioapparate und elektrische Plattenspieler herstellen zu dürfen, bis es zu spät war. Das Radio verachtete Edison: Man wolle lieber Musik nach eigener Wahl hören. *Das heutige Radio ... ist bestimmt ein Reinfall ...* schrieb er 1925.[198] Daß die Konkurrenz-Phonographen schon 1913 akustisch besser waren, wollte er sich nicht eingestehen. Der in 40 Jahren aufgebauten Phonographen-Verkaufsorganisation mit 13000 Händlern drohte der Zusammenbruch. Edisons Söhne wußten, daß die Rettung in einem neuen elektronischen Phonographen mit Edisons Markenzeichen lag. Sie experimentierten daher im Herbst 1925 heimlich daran. Als Edison davon erfuhr, versuchte er seinen eigenen Söhnen bei der Entwicklung eines Phonographen Konkurrenz zu machen! Den begabten schwedischen Ingenieur Bertil Hauffman entließ er, weil er ihm zu sehr nach modernen technischen Gesichtspunkten vorging; starrköpfig bestand der weißhaarige Alte auf den bei ihm bewährten empirischen Lösungen. Er merkte nicht, oder wollte es nicht wahrhaben, daß man beim neuen Stand der Technik mit streng wissenschaftlichen Methoden weiter kam. Der Sohn Theodore ließ den Schweden heimlich weiterarbeiten.

Ende 1928 konnte endlich ein elektrischer Phonograph auf den Markt gebracht werden, der laut und klar ohne Nebengeräusch spielte. Im glei-

Edison im Garten seines Landsitzes Glenmont in West Orange

chen Jahr wurden, nachdem Charles seinem Vater mühsam das Einverständnis abgerungen hatte, erste Radiogeräte in Lizenz von den Patentinhabern General Electric, Westinghouse, Bell Telephone und Radio Corporation of America hergestellt. Es war zu spät: Die Edison Company mußte 1930 die über vierzigjährige Phonographen-Produktion einstellen; 1931 wurde die Radioherstellung nach Verlusten von ca. zwei Millionen Dollar beendet.

Wenige Jahre zuvor, im Herbst 1926, im Alter von 79 Jahren, hatte Edison seine Rücktrittsabsichten bekanntgegeben. Er wollte nur noch im Labor experimentieren. Sein Sohn Charles wurde 1927 Chef der Thomas A. Edison Inc., der jüngste Sohn Theodore Vorstandsmitglied und technischer Leiter. Beide machten große Karriere: Charles war während der Wirtschaftskrise 1933 in Präsident Roosevelts «National Recovery Administration» tätig. Später wurde er Assistent Secretary of the Navy und für kurze Zeit Marineminister. Ab 1940 war er drei Jahre lang Gouverneur von New Jersey. Unter seiner Leitung blühte die T. A. Edison Inc. im Zweiten Weltkrieg und danach auf.

Theodore Edison zog im Mai 1931 die wissenschaftliche Forschung dem Geschäft vor und verzichtete auf Direktorenposten und Ämter. Einige Jahre danach eröffnete er eine eigene technische Beratungsfirma. 1947, nach dem Tod seiner Mutter, stiftete er die Hälfte seiner Erbschaft, 1,26 Millionen Dollar, einem sozialen Wohlfahrtsfonds für die 2700 Firmenbeschäftigten.

1915, während der Besichtigung der Plantagen Burbanks in Kalifornien, hatte Edison die Befürchtung geäußert, daß bei Eintritt der USA in den Krieg als erstes die Gummi-Einfuhr unterbrochen werde. Ford legte ihm daraufhin nahe, eine inländische Versorgung aufzubauen. Tatsächlich stiegen die Gummipreise im Krieg von 20 Cents auf 2 Dollar pro Pfund und 1924/25 von neuem wegen der englischen Einfuhrsperre aus dem Fernen Osten. Ford und Firestone baten Edison erneut, nach Quellen im eigenen Land zu suchen. Mit von der Ford Motor Company und der Firestone Tire & Rubber Company für Forschungsarbeiten zur Verfügung gestellten je 93 500 Dollar wurde 1927 die «Edison Botanic Research Company» gegründet. Ziel war, eine Pflanze zu finden oder zu züchten, die so viel Latex enthielt, daß sie eine Gummigewinnung in großem Stil ermöglichte. Ein Chemiker und sechs Botaniker arbeiteten in Edisons botanischem Labor in Fort Myers, in dem Tausende tropischer Pflanzen gezogen wurden. Wie bei der Bambusfaser-Suche wurden Mitarbeiter ausgesandt, um nach Latex produzierenden Pflanzen zu suchen, die in den USA kultiviert werden konnten, möglichst kein störendes Harz enthalten sollten, die man säen, mähen und binnen eines Jahres ernten könnte. Es ging Edison nicht darum, die Gummigewinnung im Fernen Osten zu übertreffen, sondern für Notfälle Reserven bereit zu haben. Er selbst las begeistert die umfangreiche Literatur, die er beschafft hatte. Das Erproben von 14 000 Pflanzen innerhalb von zwei Jahren kam seiner empirischen Art entgegen. Es war damals bekannt, daß abgesehen von dem

Latex liefernden Baum «Hevea brasiliensis» diverse andere Pflanzen etwas Latex enthielten: Wolfsmilch, Geißblattranken und der Guayule-Kautschukstrauch. Edison entschied sich für die einheimische Goldrute, die ca. 5 Prozent Gummi lieferte. Obwohl er den Gummianteil durch Kreuzung auf 12 Prozent treiben konnte, ließ er sich auf diese Weise nicht unter 2 Dollar pro Pfund gewinnen; seine Qualität war zudem nicht die beste. Die Arbeiten Edisons zur Gewinnung von Latex, aus dem Kautschuk und durch Behandlung mit Schwefel oder schwefelhaltigen Reagenzien Gummi hergestellt werden kann, sind deshalb kritisiert worden, weil bekannt war, daß es ab 1925 von den «I. G. Farben»-Chemiewerken in Deutschland Verfahren zur synthetischen Herstellung von kautschukähnlichen Materialien gab. Dies war zweifellos auf längere Sicht der richtigere Weg, wie heute bewiesen ist: durch Polymerisation von Isopren mit Ziegler-Natta-Katalysatoren werden heute große Mengen Synthese-Kautschuk gewonnen, die den Naturkautschuk an Qualität noch übertreffen. In großem Umfang wurde die Totalsynthese jedoch wegen der erforderlichen riesigen Investitionen in Amerika erst kurz vor dem Zweiten Weltkrieg angewandt, unterstützt durch staatliche Subventionen. Edisons Goldruten-Kautschuk konnte schließlich weder mit dem der Hevea brasiliensis noch mit den verschiedenen Synthese-Kautschuksorten konkurrieren. Immerhin ließ Harvey Firestone von einer 1929 eingetroffenen Lieferung des kostbaren Goldruten-Gummis vier Reifen für das private Ford-Tourenauto «Modell A» Edisons herstellen. Bei zunehmender Rohstoffverknappung erscheint heute die Frage nach anderen Quellen nicht uninteressant.

Im Sommer 1929 erkrankte Edison an einer schweren Lungenentzündung; Verdauung und Nierenfunktion waren beeinträchtigt, zeitweilig litt er an Urämie. Obwohl er sich nur langsam erholte, arbeitete er im botanischen Labor weiter: *Wir sind ja erst am Anfang.*[199]

Der achtzigjährige Edison wurde von Delegationen aus aller Welt mit Ehrungen, Orden, Auszeichnungen und Medaillen überschüttet. Seinen zuweilen makaberen Humor hatte er keineswegs verloren: Als ihm 1929 in seiner Bibliothek die John-Scott-Medaille feierlich überreicht werden sollte, öffnete er die Tür und sang: *Lumpen, Flaschen, alte Medaillen?* Sein Privatsekretär und treuer Diener W. H. Meadowcroft, der seit 50 Jahren bei ihm tätig war und im Jahre 1929 an einer Biographie seines Chefs mitgeschrieben hatte, brüllte ihm die Fragen der Besucher ins Ohr und vermittelte bei Problemen aller Art. Edison war im Alter schwierig geworden. Hatte ein Mitarbeiter etwas vergessen, wurde er wild, schlug auf den Tisch und schrie. Wegen seiner fast völligen Taubheit wurde eine für Edison scheinbar milde Debatte zur wüsten Brüllerei.

Eine Ehrung besonderer Art erfuhr Edison durch Henry Ford. Obwohl dieser einmal vor Gericht ausgesagt hatte: «Geschichte ist Unsinn», beschloß er, in seinem Geburtsort Dearborn in Michigan ein monumentales Museum für die Geschichte des Handwerks und der Erfindungen erbauen zu lassen, unter besonderer Berücksichtigung seiner eigenen und seines

Freundes Leistungen. Die ländliche Idylle seiner Jugend, Bauernhöfe, Kirche, Gaststätten, Schulhaus, wurden als «Greenfield Village» mit einem Kostenaufwand von über zehn Millionen Dollar naturgetreu nachgebaut, daneben ein riesiges Museumsgelände mit einem Sammelsurium von historisch-technischen Geräten. Um den Ruhm seines Freundes Edison der Nachwelt zu überliefern, ließ Ford dort auch das gesamte legendäre Menlo Park-Laboratorium wieder erstehen. Original-Holzplanken und selbst der rote Lehmboden war von New Jersey mit der Bahn hergeschafft worden. Sogar die Fremdenpension gegenüber Menlo Park, der alte Bahnhof von Smith's Creek in Michigan, wo Edison gearbeitet hatte, und eine alte Grand-Trunk-Eisenbahn mit dem Laboratoriums-Gepäckwagen waren penibel nachgebildet. In einem «Edison-Institut» genannten Teil von Greenfield Village trug Ford mit einem Aufwand von 3 Millionen Dollar eine beachtliche Sammlung der Edisonschen Erfindungen zusammen, die alle zum Funktionieren gebracht wurden – Kohlefadenlampen ebenso wie Dynamos.

Bis 1928 hatte Edison vom Ausland, nicht aber vom eigenen Land, offizielle Ehrungen erhalten, von der zurückgewiesenen Kriegsverdienstmedaille abgesehen. Im Jahre 1928 überreichte nun Finanzminister Andrew Mellon Edison in dessen Laboratorium die «Congressional Medal of Honor».

Für den Oktober 1929 planten die «Edison-Pioneers», eine Gesellschaft aus alten Labormitarbeitern, Freunden und anderen Erfindern, eine große Feier zum 50. Geburtstag der Edison-Glühlampe. Die finanzkräftige General Electric übernahm die Finanzierung, Detailplanung und Durchführung, desto lieber, als sie sich – vor kurzem vom Kongreß wegen monopolistischer Praktiken angeprangert – aus Public-Relations-Gründen gerne auf den Gründervater dieser Industrie bezog, auch in der Werbung. Edison selbst wurde zuvor nicht konsultiert, man ließ ihn nur die Termine wissen, zu denen er sich in verschiedenen Städten einfinden sollte. Edison behagte weder die Vorgehensweise noch seine Rolle als Reklamefigur, um so weniger, als die General Electric bei den Verhandlungen um die Radiopatente wenig entgegenkommend gewesen war. Als Ford von den Plänen der General Electric erfuhr, eilte er nach West Orange: «Ich werd's denen zeigen ...! Ich werde die ganze Party kidnappen!»[200] Er lud Edison zum gleichen Zeitpunkt zur Einweihung seines Museums in Dearborn ein. Die General Electric gab nach: die Haupthandlung sollte sich in Dearborn abspielen – nun also Reklame für Ford.

Bedeutende Persönlichkeiten Amerikas wie O. D. Young, Th. W. Lamont, J. P. Morgan jun., Ch. M. Schwab, O. H. Kahn, O. Wright sowie Madame Marie Curie waren angereist. Auch der amerikanische Präsident Hoover nutzte die Chance zur «Öffentlichkeitsarbeit». Sie trafen sich mit den Ehepaaren Ford und Edison in einem historischen Eisenbahnzug. Die Filmkameras der Berichterstatter liefen heiß, als Edison Präsident Hoover einen Warenkorb hinhielt und rief: *Schokolade, Äpfel, belegte Brötchen, Zeitungen!*[201]

Am Abend führte Edison den Gästen und den Reportern, die das Er-

Edison vor der Gedenktafel in Menlo Park, 1925

eignis über Radio an Millionen in aller Welt übermittelten, im oberen Stockwerk der Menlo Park-Nachbildung vor, wie er 1879 Kohlefaden und Glaskolben der Glühlampe hergestellt hatte. Da Kruesi, Batchelor, Upton und Johnson nicht mehr lebten, hatte man Francis Jehl aus Europa hergeholt; er half dem «liebenswerten alten Wrack» beim Vakuumpumpen. Edison rief: *Es werde Licht*, als er die historische Glühlampe aufleuchten ließ, und in Dearborn, Detroit und anderen Städten des Landes wurden elektrische Beleuchtungen eingeschaltet.

Den alten Edison hatte die Aufregung mitgenommen. Am Eingang zum Festsaal, in dem als glanzvoller Höhepunkt ein Festessen mit fünfhundert Gästen stattfand, brach er fast zusammen. Erschöpft und vor Rührung überwältigt, saß er im Korridor und weinte. Nur seine Frau konnte ihn zur Teilnahme am Festessen überreden, das mit Huldigungen und Botschaften aus der ganzen Welt eingeleitet wurde, die er wegen seiner Taubheit nicht hörte. Präsident Hoover sagte: «Ich hielt es für angemessen, daß der Präsident der Vereinigten Staaten dieser Ehrung, die einem unserer Großen ... zuteil wird, beiwohnt ... Mr. Edison hat die Dunkelheit zurückgedrängt ... hat unserem Land in der ganzen Welt zu großem Ansehen verholfen. Er ist ein Wohltäter für uns alle.»[202]

Edison dankte von seinem Ehrenplatz aus mit wenigen bewegten Worten: ... *Dieser Augenblick, der das goldene Jubiläum des Lichts krönt, erfüllt mich mit großer Dankbarkeit. Was Henry Ford anbelangt – hier fehlen mir die Worte, um meine Gefühle auszudrücken. Ich kann nur sagen, daß er im vollsten und wahrsten Sinne des Wortes – mein Freund ist. – Gute Nacht.*[202]

Danach mußte er in Fords Wohnung gebracht werden, wo er mehrere Tage im Bett lag: *Mir geht der ganze Ruhm auf die Nerven, ich möchte wieder an die Arbeit.*[202] Der Hausarzt wußte, daß Edison wegen seiner Zuckerkrankheit, eines Magengeschwürs, Harnvergiftung und der Brightschen Krankheit nicht mehr im Labor arbeiten konnte. In seinen letzten zwei Jahren war er wegen des schlechten Gesundheitszustandes in der Tat meist zu Hause in einem Arbeitsraum im Obergeschoß oder im Bett. Er aß sehr wenig, nur sein starker Wille hielt ihn am Leben.

Trotz seiner Schwäche versuchte er zu arbeiten: er ließ sich täglich von Mitarbeitern vor allem über die Gummigewinnung berichten. Seine Frau Mina wachte geduldig über seine Ruhestunden und die Diät und fuhr ihn fast jeden Tag im Auto aus. Sie hatte einen eigenen Schreibtisch im Arbeitszimmer ihres Mannes aufgestellt, um ständig bei ihm sein zu können, während sie sich mit sozialen, kirchlichen und häuslichen Aufgaben beschäftigte.

Am 1. August 1931 ließen Edisons Kräfte schlagartig nach. Er konnte nichts essen. Wegen der Sommerhitze wurde eine Klimaanlage in sein Schlafzimmer eingebaut. Von diesem Zeitpunkt an, als ihm bewußt wurde, daß er nicht wieder arbeiten können werde, verließ ihn der Lebenswille. Er erfuhr, daß es Meadowcroft und John Ott gesundheitlich gleichfalls schlechtging. Henry Ford reiste im September besorgt aus Detroit an. Trotz Edisons Mißtrauen gegenüber Ärzten wurde er von mehreren berühmten Medizinern behandelt. Er war ein schwieriger Patient und wollte genau wissen, welche Medikamente er erhielt und warum. Die Dosierung nahm er jeweils selbst vor. Seine Blutproben prüfte er selbst unter dem Mikroskop. An der Kurve am Krankenbett erkannte er klar, daß es zu Ende ging. Auf die Frage eines Seelsorgers, ob er «an ein zukünftiges Leben gedacht» habe, antwortete er matt: *Das ist gleichgültig. Das weiß niemand.*[203]

Anfang Oktober wurde allgemein bekannt, daß er nicht mehr lange leben würde. Er wurde öfters bewußtlos. Als ihn seine Frau fragte, ob er leiden müsse, antwortete er: *Nein, ich warte nur.*

In der Eingangshalle von Glenmont hatten sich viele Mitarbeiter versammelt. Reporter hielten Tag und Nacht in der Nähe Wache. Am Sonntag, den 18. Oktober 1931, morgens 3 Uhr 34 gaben die Ärzte das Ende bekannt. Telegraph, Telephon, Radio, mit denen Edisons Leben lange und eng verknüpft war, sandten die Nachricht vom Tod in alle Welt. Vor dem in der Laboratoriumsbibliothek in West Orange aufgebahrten Edison bildeten sich lange Menschenschlangen. Am Beerdigungstag, dem 21. Oktober, schalteten viele Amerikaner auf Vorschlag des Präsidenten der USA abends um 10 Uhr ein paar Minuten das Licht aus. Die zunächst geplante Anordnung, den elektrischen Strom in ganz Amerika für eine Minute abzuschalten, erwies sich wegen der möglichen schwerwiegenden Folgen als nicht durchführbar. Nach der Beerdigungszeremonie, zu der Präsident Hoover und viele Berühmtheiten kamen, wurde der Sarg auf dem Rosedale-Friedhof beigesetzt. Viele Jahre später wurden Edison und Mina in benachbarten Gräbern in Glenmont bestattet.

Mina, nach dem Tode Edisons bestrebt, ihm monumentale Denkmäler bauen zu lassen, heiratete 1935 mit 69 Jahren ihren Jugendfreund Everett Hughes. Edisons Kinder und Verwandte konnten sich über die Erbschaft nicht einigen. Theodore war als einziger am Geld weniger interessiert. Charles schloß nach dem Tode des Vaters das Laboratorium und verkaufte 1957 die Thomas A. Edison Industries an die McGraw Electric Company, woraus McGraw-Edison wurde. Er starb 1969. Heute steht keines der Edison-Fabrikgebäude mehr in West Orange.

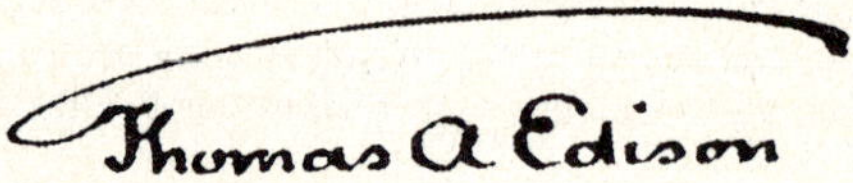

Nachwort

Zur Kritik am wissenschaftlichen und technischen Fortschritt

Was könnte die zwiespältige Beurteilung unserer gegenwärtigen Situation besser charakterisieren als die folgenden Sätze: «Es wurde Licht, vor allem auch in den Werkstätten der Industrie. Der Kapitalismus konnte erst jetzt so richtig beginnen»[204] und «die Energiekrise verlangt dringend unkonventionelle Lösungsvorschläge ... die Krisensituation der Menschheit verlangt und fördert diesen Aufschwung einer auf neue humane Ziele gerichteten Kreativität»[205], «Innovation statt Imitation»[206]?

Das gestiegene Mißtrauen, die Angst[207] vor dem Fortschritt ist nicht nur auf zum Teil unvorhersehbare und unvermeidbare Irrtümer und Schwächen mancher Errungenschaften zurückzuführen, sondern auch auf politisch-ideologische Kampagnen, welche mangelnde Kenntnisse der Zusammenhänge ausnutzen, die Probleme personalisieren und sogenannte «Technokraten» als Zielscheiben aufstellen.[208] Dabei bleiben gute Entwicklungen, die man ganz selbstverständlich extensiv nützt, in der Regel auch in den Medien unerörtert. Die derzeit dominierende Gesellschaftskritik[209] richtet sich zwar mit Recht gegen Energie- und Rohstoffverschwendung, verschmutzte Umwelt und Expansion von Waffenentwicklungen, es ist aber evident, daß die Menschheit zur Lösung ihrer Probleme weder dezimiert werden noch in die Primitivität zurückfallen kann. Vielmehr bleibt uns als gangbarer und sinnvoller Weg die Anwendung unseres Geistes zur positiven Weiterentwicklung von Technik und Wissenschaften auf höchstmöglichem Niveau. «Alle, die sich in demagogischer Weise gegen die technische Intelligenz und deren Werke stellen, setzen unsere Zukunft aufs Spiel.»[208]

Edisons Lebenswerk zeigt wie kein anderes, daß Erfinden und Forschen nicht nur Bequemlichkeit und Arbeitserleichterung mit sich bringen, sondern auch für Tausende Arbeitsplätze schaffen, Werte aufbauen kann. Dies um so langfristiger und krisenfester, wenn für ein gesundes kulturelles und politisches Umfeld gesorgt ist.[210] Haben wir vergessen, daß Technik auch «Dienst am Bruder Unbekannt»[208] sein kann? Insofern dürfte sich die Beschäftigung mit Pionieren aus Wissenschaft und Technik und ihrer Zeit durchaus lohnen.

Es ist ein Irrtum, zu glauben, Technik sei gleichbedeutend mit Umweltbelastung. Nur mit modernen physikalisch-chemischen Methoden unter Einbeziehung der Elektronik können Schadstoffe exakt erkannt werden. Nur mit Hilfe wissenschaftlicher und technischer Methoden kann der Entstehung von Giften vorgebeugt bzw. können vorhandene unschädlich gemacht, neue Rohstoff- und Energiequellen entdeckt bzw. alte aufgearbeitet werden.[211] Die Herausforderung ist groß, global. Es werden bedeutende und weniger bedeutende Menschen erforderlich sein, die anstatt der menschenunwürdigen Ausbeutung aller durch alle[212] besser gegen ihre eigenen Schwächen kämpfen und kreativ zusammenarbeiten.

Anmerkungen

1 «Wer war's?» Zeit-Magazin, Januar 1977, S. 22.

2 Historische Originale der meisten Erfindungen Edisons werden an folgenden Orten, der Öffentlichkeit zugänglich, verwaltet:
Edison National Historic Site, West Orange, New Jersey, verwaltet vom National Park Service, U. S. Department of the Interior, Washington, D. C. Park manager: Main Street at Lakeside Avenue, West Orange, NJ 07052.
The Edison Institute (Henry Ford Museum – Greenfield Village), Dearborn, Michigan 48121.
Daneben gibt es die «Thomas Alva Edison Foundation», 143 Cambridge Office Plaza, 18280 West Ten Mile Road, Southfield, Michigan 48075, die sich um die Förderung der Ausbildung in den Naturwissenschaften und dem Ingenieurwesen bemüht.
Im Deutschen Museum, 8 München 26, Postfach, Zweibrückenstr./Museumsinsel, befinden sich außer einer Büste Edisons, mehreren Dokumenten und etwa 50 Veröffentlichungen über ihn, mehrere Phonographen, z. T. mit eigenhändiger Widmung, die erste nach Europa gelieferte Lichtmaschine, ein Edison-Z-Dynamo von 1879, ein Edison-Elektrolytzähler von 1883, verschiedene Muster der von Edison entwickelten Starkstromkabel mit halbkreisförmigen Leiterquerschnitten, zwei Glühlampen aus der Zeit um 1885, ein Kinetoskop, ein Heimkino, Eisen-Nickel-Akkumulatoren. Dr. A. Kraetz, G. Wenske und A. Schmiedel, Deutsches Museum, sei für ihre bereitwilligen Auskünfte sehr gedankt.

3 z. B. Koch, E. R., Vahrenholt, F.: «Seveso ist überall», 2. Aufl. Köln 1978.

4 Verband der Chemischen Industrie: «Seveso ist nicht überall». Frankfurt a. M. 1978.

5 «The Quintessential Innovator», Time 22. Okt. 1979, S. 52.

6 Vgl. Abschnitt Biographien.

7 z. B. Randow, Th. v.: «Es entsteht ein Licht ohne Gas und Flamme. Die hundertste Wiederkehr von Edisons Sternstunde». Die Zeit Nr. 43 – 19. Oktober 1979, S. 82.
Hör zu: «Die 50 Größten unseres Jahrhunderts. Folge 10. Thomas Alva Edison; sein Licht leuchtet schon 100 Jahre», Dez. 1979, S. 155.
Bild der Wissenschaft 4, 152 (1976).
Die Zeit Nr. 43, 19. Oktober 1979, S. 32.
Der Spiegel Nr. 25, 16. Juni 1980, S. 198.
Main-Post, 20. Oktober 1973, S. 12.
Das Haus, Oktober 1979, S. 107.
Küche, Bad, Haustechnik, 6. Jahrgang, Heft 3, 1979, S. 4.

8 Thomas Alva Edison. Film von Robert Vas. ARD, 1. November 1974, 18 h. Aus Forschung und Technik: Es werde Licht. Zum 100. Geburtstag der Glühbirne. Leitung Westphal, P. G., ZDF, 22. Oktober 1979, 20.15 h.

9 Single-Schallplatte «Thomas Alva Edison», der Gruppe «Love Generation», 1976.

10 Zum Problemkreis vgl. z. B. Arnold, W.: «Begabung: angeboren oder erworben?» Umschau 73 (Heft 11), 332 (1973). Van't Hoff, J. H.: «Imagination in Science». Berlin 1967. Catel, W.: «Medizin und Intuition». Stuttgart 1979. Meinecke, G.: «Gruppenarbeit in der Forschung». Materia Medica Nordmark 32, 1 (1980). Jungk, R.: «Der verhinderte Erfinder». Bild der Wissenschaft, März 1974, S. 53. Lange-Eichbaum, W., Kurth, W.: «Genie, Irrsinn und Ruhm», 6. Aufl., München 1967.

11 Prof. Konrad Lorenz in der ARD-Fernsehsendung «Im Reichtum überleben» am 29. 12. 1979.

12 Kardinal Dr. König in der unter 11 zitierten Sendung.

13 Vgl. hierzu Sammet, R.: «Das Jahrhundert der Naturwissenschaften», in Woller, R.: «Aufbruch ins Heute», Frankfurt a. M. 1977. Tamm, Ch.: «Die Verantwortung des Naturwissenschaftlers». Rektoratsrede an der Universität Basel, Basel 1978.

Von Engelhardt, D.: «Naturwissenschaft und Gesellschaft. Aufgaben und Ziele der Forschung in Geschichte und Gegenwart». bm-Themen, Mannheim o. J.

Fritsche, W., Nachr. Chem. Techn. Lab. 27, 806 (1979).

Barnaby, F.: «Der Atomkrieg rückt näher». Die Zeit Nr. 42, 10. Okt. 1980.

Klepzig, G.: «Gespräche mit Chemikern», Leverkusen 1980.

14 Vanderbilt, B. M.: «Thomas Edison, Chemist». American Chemical Society, Washington 1971.

15 Josephson, M.: «Thomas Alva Edison». Icking und München, 1969, S. 26.

16 Ballantine, C. F. in «Michigan Historical Collection», Bd. IV, 1926, S. 168–192.

17 Simonds, William A.: «Edison, His Life, His Work, His Genius», New York 1934, S. 38.

18 Josephson 15, S. 28.

19 Tocqueville, Alexis de: «Democracy in America». New York 1899, Bd. II, S. 46, 52.

20 Josephson 15, S. 29.

21 Herald Tribune, New York, 19. Okt. 1931.

22 Josephson 15, S. 31.

23 McClure, J. B.: Thomas A. Edison and his Inventions. Chicago, 1879, S. 35.

24 Josephson 15, S. 34.

25 «Mr. Edison's Notes for W. H. Meadowcroft» (Manuskript, Edison Laboratory National Monument Archives, 2. Buch, S. 8). Edison diktierte 1908 Erinnerungen aus seinem Leben für die autorisierte Biographie von F. L. Dyer, T. C. Martin und W. H. Meadowcroft (s. Abschnitt Biographien); diese Aufzeichnungen enthalten mehr als die Biographie.

26 Josephson 15, S. 36.

27 Dickson, W. K. L. und Dickson, L.: «The Life and Inventions of Thomas A. Edison». London 1894, S. 36.

28 Meadowcroft-Notizen 25, 2. Buch, S. 7f.

29 Ebd., S. 9.
30 Josephson 15, S. 38.
31 World, New York, 2. Febr. 1921.
32 Josephson 15, S. 43.
33 Ebd., S. 44.
34 «The Diary and Sundry Observations of Thomas A. Edison», hg. v. D. D. Runes, New York 1948.
35 Josephson 15, S. 45.
36 London 1856.
37 Lathrop, G. P.: «Talks with Edison» in: Harper's Magazine, Febr. 1919.
38 Josephson 15, S. 47.
39 Diese Zeitschrift erscheint seit einigen Monaten als «Spektrum der Wissenschaft» in deutscher Sprache.
40 Lathrop 37, S. 423.
41 Simonds 17, S. 60.
42 Dickson 27, S. 40.
43 Josephson 15, S. 75.
44 Notiz von Lowrey, G. P. in Henry Villars' unveröffentlichten Edison-Akten (Houghton-Library, Harvard University).
45 Josephson 15, S. 77.
46 Journal of the Telegraph, Boston, 14. Juni und 12. Dez. 1868.
47 The Telegrapher, New York, 30. Jan. 1869.
48 Josephson 15, S. 80.
49 Atlantic & Pacific Telegraph Company gegen G. B. Prescott, T. A. Edison, Western Union u. a.; Appellation an das Innenministerium vom 20. März 1875 mit Entgegnung der Western Union.
50 Josephson 15, S. 85.
51 Brief Edisons an seine Eltern; handschriftlich, undatiert, Henry Ford-Museum, Bibliothek 2b.
52 Josephson 15, S. 93.
53 Dickson 27, S. 67.
54 Brief Edisons; handschriftlich, Winter 1871, Henry Ford-Museum 2b.
55 Edisons «Laboratory Notebooks», 2. Febr. 1872, Nr. 1776.
56 McClure 23, S. 17f.
57 ebenda, S. 68.
58 Josephson 15, S. 115.
59 Edisons «Laboratory Notebooks», 14. Febr. 1872.
60 Dickson 27, S. 71.
61 Atlantic & Pacific Telegraph Co. gegen G. B. Prescott, T. A. Edison, Western Union u. a., New York Superior Court, 1875; Zeugenaussage von J. T. Murray, S. 51.
62 Jehl, Francis: Reminiscences of Menlo Park. Dearborn 1937, Bd. I, S. 10; U.S. Patent Nr. 180857.
63 Josephson 15, S. 121.
64 Atlantic & Pacific gegen Prescott; Beweisstück der Verteidigung Nr. 11.
65 Meadowcroft-Notizen 25, 2. Buch, S. 12.
66 Josephson 15, S. 131.
67 Jehl 62, Bd. I, S. 68.
68 Telegraphic Journal, London, 1. Sept. 1874.

69 Meadowcroft-Notizen 25, 2. Buch, S. 18f.
70 Herald, New York, 2. Dez. 1875.
71 Josephson 15, S. 150.
72 Dyer, F. L., Martin, T. C. und Meadowcroft, W. H. «Edison, His Life and Inventions», New York 1929, Bd. I, S. 179.
73 Josephson 15, S. 162.
74 Siehe Stresau, H.: «G. B. Shaw» rororo bild monographien, Reinbek bei Hamburg, 4. Aufl. 1970.
75 Shaw, G. B.: The Irrational Knot. New York 1905, Vorwort.
76 Josephson 15, S. 173.
77 Scientific American, 22. Dez. 1877.
78 Josephson 15, S. 181, 182, Anmerkung.
79 Ebd., S. 185.
80 Thomas A. Edison, North American Review, Juni 1878.
81 Commercial-Advertiser, New York, 25. Nov. 1878.
82 Josephson 15, S. 212.
83 Edison an T. Puskas, 18. Nov. 1878 (Edisons Laboratory National Monument Archives).
84 Tribune, New York, 2. Jan. 1880.
85 Churchill, A. W., Scientific American, 1. April 1905.
86 Engineering News, 25. Dez. 1880.
87 Rosanoff, M. A., Harpers's Magazine, Sept. 1932, S. 409.
88 Josephson 15, S. 235.
89 In Josephsons Buch 15 ist der 1. November angegeben.
90 Josephson 15, S. 238.
91 Herald, New York, 2. Jan. 1880.
92 Tribune, New York, 2. Jan. 1880.
93 Woodbury, D. O.: Beloved Scientist: Elihu Thomson. New York 1944, S. 108f.
94 Fleming, J. A.: Fifty Years of Electricity. London 1924, S. 226.
95 Josephson 15, S. 251.
96 Herald, New York, 18. Nov. 1880. Star, New York, 22. Dez. 1880.
97 Dyer 72, Bd. II, S. 719.
98 Bright, A. A.: The Electric Lamp Industry. New York 1949, S. 76f.
99 Tribune, New York, 23. Dez. 1880.
100 Josephson 15, S. 272.
101 Näheres siehe Vanderbilt 14, S. 75ff.
102 Standard, London, 20. Jan. 1882.
103 Edison an Theodore Waterhouse, 24. Juli 1883.
104 Sun, New York, 4. Sept. 1882.
105 Josephson 15, S. 289.
106 Nerney, M. C.: «Edison, Modern Olympian». New York 1934, S. 105.
107 Josephson 15, S. 294, 295.
108 Marshall, D. T.: «Recollections of Edison». New York 1931, S. 56.
109 Nerney 106, S. 235.
110 Marion Edison Oser: «Early Recollections», S. 6.
111 Josephson 15, S. 323.
112 Times, Akron, 4. März 1886.
113 Josephson 15, S. 325.

114 Edisons Tagebuch, 18. Juli 1885, S. 54.
115 Tate, A. O.: «Edison's Open Door». New York 1938, S. 140.
116 Josephson 15, S. 313.
117 Tribune, New York, 26. Okt. 1884.
118 Josephson 15, S. 315.
119 Edisons Laborbücher 55, 1886.
120 Josephson 15, S. 332.
121 Telegramm Edisons an Gouraud, G., 1. Aug. 1887.
122 Josephson 15, S. 338.
123 Ebd., S. 343.
124 Tribune, New York, 18. Mai 1889.
125 Edison an Lippincott, 21. Sept. 1888.
126 Josephson 15, S. 354.
127 Josephson 15, S. 360.
128 Dyer 72, Bd. I, S. 381f.
129 Josephson 15, S. 369.
130 Vgl. hierzu Conot, R.: «A Streak of Luck». New York 1979, S. 255, 256.
131 Unveröffentlichte Autobiographie Insulls, S. 50f.
132 Times, New York, 16. Dez. 1891.
133 Edison an H. Villard, 8. Febr. 1890 (Houghton Library, Harvard University).
134 Edison, T. A. «My Forty Years of Litigation» in: Literary Digest, 13. Sept. 1913.
135 Josephson 15, S. 374.
136 Consolidated Electric gegen McKeesport Electric Co. («Westinghouse-Edison-Fall»), U.S. Circuit Court, Pittsburgh, Pa., 5. Okt. 1889; Urteil von Richter Bradley.
137 Josephson 15, S. 378.
138 Edison an H. Villard, 24. Febr. 1890 und 1. April 1889 (Houghton Library, Harvard University).
139 World, New York, 20. Febr. 1892.
140 Josephson 15, S. 385.
141 Ebd.,S. 386.
142 Edison an seine Frau, 1. Dez. 1898 (im Besitz von Mrs. Madeleine Edison Sloane).
143 Josephson 15, S. 399.
144 Journal, New York, 14. Jan. 1898.
145 Vgl. z. B.: Anand, N., Bindra, J. S., Ranganathan, S.: «Art in Organic Synthesis», San Francisco 1970. Fleming, I.: «Selected Syntheses». London 1973. «Stereoselective Synthesis of Natural Products», hg. v. Bartmann, W., Winterfeldt, E., Amsterdam, Oxford 1979.
146 Vgl. hierzu Zahn, P. v., Rheinholz, I.: «Forschung hat viele Gesichter. Chemie, Pharmazie, Medizin». Düsseldorf 1978.
147 Patentanmeldung Nr. 110 vom 8. Oktober 1888.
148 Ramsaye, T.: «A Million and One Nights. A History of the Motion Picture». New York 1926 (2 Bde.), Bd. I, S. 78.
149 Dickson, W. K. L. in: Century Magazine, Juni 1894.
150 Anmerkung Edisons in einem Exemplar von E. Muybridges Zoepraxography, Ende 1893.
151 Simonds 17, S. 265.

152 T. A. Edison, «The Motion Picture» in: Century Magazine, Juni 1894.
153 N. C. Raff an W. E. Gilmore, 13. Jan. 1896 und N. C. Raff an G. Armat, 5. März 1896 (Prozeßakten Edison gegen Mutascope and Biograph Cos.).
154 Josephson 15, S. 423. N. Y. Times, 9. Juni 1921.
155 Strother, F., World's Work, Juni 1906.
156 Josephson 15, S. 428.
157 Laborbücher 55, 1901, Storage Battery.
158 Josephson 15, S. 433.
159 Ebd., S. 436.
160 Holland, M.: Edison's Organization Method. Denkschrift, National Research Council, New York, April 1927.
161 Josephson 15, S. 439. Vgl. World, New York, 15. Febr. 1903.
162 Edison an L. C. Weir, 27. Febr. 1905. Archives 83.
163 Vgl. hierzu: Der Spiegel, 34. Jahrgang, Nr. 25, 16. Juni 1980, S. 198.
164 Dyer 72, Bd. II, S. 523.
165 Josephson 15, S. 453.
166 Ebd., S. 454.
167 Ebd., S. 459.
168 Ebd., S. 451.
169 Ebd., S. 460.
170 Coman, M. und Weir, H.: Collier's Weekly, 18. Juli 1925.
171 Times, New York, 14. Dez. 1922.
172 Josephson 15, S. 466.
173 World, New York, 13. Febr. 1922.
174 Times, New York, 12. Febr. 1914; 6. Dez. 1921.
175 Josephson 15, S. 467.
176 Current Literature, Dez. 1910.
177 Nerney 106, S. 252.
178 Josephson 15, S. 468.
179 Edison an seine Frau, 1. Dez. 1908.
180 Josephson 15, S. 469.
181 Forbes, B. C.: American Magazine, Okt. 1920.
182 Josephson 15, S. 470.
183 Ebd., S. 471.
184 Harper's Weekly, 4. Nov. 1911.
185 Josephson 15, S. 472.
186 Times, 25. Okt. 1914.
187 Nevins, A. und Hill, F. E.: «Ford: Expansion and Challenge». New York 1957, Bd. II, S. 41.
188 Times, New York, 22. Mai 1915.
189 Ebd. 30. Mai 1915.
190 World, New York, 13. Febr. 1923.
191 Times, New York, 8. Febr. 1920.
192 Aufzeichnung eines Berichts von E. G. Liebold, S. 1558 (Ford Motor Co. Archives).
193 Bericht von Voorhees, C. und Liebold, E. G., Ford Motor Company Archives, S. 137, 1506.
194 «Our Vacation Days of 1918», Akron 1926.
195 Edison an Edward N. Hurley, 12. Jan. 1918 (Henry Ford Museum, Dear-

born).
196 Times, New York, 16. Febr. 1923.
197 Edison an Jacob H. Schiff, 13. Nov. 1914. Ford Motor Company Archives.
198 Josephson 15, S. 498.
199 Millard, B., Technical World Magazine, Okt. 1914.
200 Josephson 15, S. 512, 532.
201 Ebd., S. 513.
202 Ebd., S. 514.
203 McChesney, L. W., «A Light is Extinguished». Privatdruck, West Orange 1932.
204 Randow, Th. v. 7.
205 Jungk, R. 10; vgl. hierzu auch 208.
206 v. Kuehnheim, E., Vorstandsvorsitzender der BMW AG, anläßlich der 60. ord. Hauptversammlung am 19. Juni 1980 in München. Vgl. z. B. auto, motor und sport, Heft 15, 16. Juli 1980, S. 20. Vgl. auch: «Die größte Energiequelle ist der Kopf». Werbeslogan der Firma Bosch.
207 Vgl. Informed Presse GmbH: «Wachsende Ängste», selecta 28, S. 4*, 14. Juli 1980.
208 Steinbuch, K.: «Diese verdammte Technik. Tatsachen gegen Demagogie». München 1980.
209 Vgl. hierzu auch Kahn, H.: «Die Zukunft der Welt (1980–2000)», München 1980.
210 v. Weizsäcker, C. F.: «Die Wissenschaft ist noch nicht erwachsen». Die Zeit Nr. 42, 10. Oktober 1980.
211 Vögtle, F.: «Kekulé und die Chemie in Bonn». Vortrag anläßlich des 150. Geburtstages Kekulés. Bonn, 21. 1. 1980.
212 Weichmann, H.: «Die Ausbeutung aller durch alle muß endlich aufhören». Deutsches Ärzteblatt, Heft 11, 13. 3. 1980, S. 675.

Zeittafel

1847	11. Februar: Thomas Alva Edison in Milan (Ohio, USA) geboren
1854	Der Vater Samuel Edison jr. siedelt mit der Familie nach Port Huron, Michigan, über
1859	«Al» wird Zeitungsjunge auf der «Grand Trunk-Eisenbahn» zwischen Port Huron und Detroit
1862	Edison bringt die von ihm auf der Eisenbahn gedruckte Zeitung «The Weekly Herald» heraus. Lehrzeit als Telegraphist bei J. U. MacKenzie in Mount Clemens, Michigan
1863–1868	Wanderjahre als Telegraphist (Indianapolis, Cincinnati, Memphis, Louisville, Boston)
1868	11. Oktober: Edisons erste Patentanmeldung, ein elektrischer Stimmenzähler für Versammlungen
1869	Edison wird Betriebsleiter der Goldkurs-Gesellschaft «Gold & Stock Telegraph Company» in New York. 24. September: «Schwarzer Freitag», Höhepunkt des Goldfiebers in New York und Börsenpanik. 1. Oktober: Gründung der Firma «Pope, Edison u. Co.», Elektroingenieure, New York
1870	Edison eröffnet in Newark, New Jersey, eine Fabrik zur Herstellung von Kurstelegraphen
1871	Heirat mit Mary Stilwell; Entwicklung der ersten funktionsfähigen Schreibmaschine
1872	Geburt der Tochter Marion («Dot»)
1872–1876	Ausarbeitung vieler Erfindungen, darunter das Zwei- und Vierfach-Telegraphie-System (Duplex, Quadruplex), Paraffinpapier, elektrischer Schreibstift. Umzug in das Laboratorium in dem Dorf Menlo Park, New Jersey. – 1876: Geburt des Sohnes Thomas junior («Dash»)
1876–1879	Edison erweitert die Möglichkeiten des Bellschen Telephons durch Erfindung des Kohlekörnermikrophons
1878	Erfindung des Phonographen. Geburt des Sohnes William Leslie
1879	21. Oktober: Die erste gebrauchsfähige Kohlefaden-Glühbirne brennt über 40 Stunden. 31. Dezember: Öffentliche Vorführung der ersten elektrischen Anlagen in Menlo Park
1879–1881	Edison konstruiert verbesserte Dampfmaschinendynamos. Verlegung unterirdischer Kabel in New York. Einführung des Dreileitersystems. Erfindung von elektrischen Sicherungen und Elektrizitäts-Meßgeräten
1880	Erste Glühlampenfabrik in Menlo Park. Versuche zur magnetischen Eisenerztrennung auf Long Island
1880–1891	Edison baut eine elektrische Eisenbahn zum Personen- und Frachttransport und entwickelt gemeinsam mit dem Ingenieur Field leistungsfähige elektrische Lokomotiven
1881–1887	Versuche und Patente zur drahtlosen (induktiven) Telegraphie; 4. September 1882: Eröffnung des ersten Zentralkraftwerks der Vereinigten Staaten in New York, Pearl Street; 1883: «Edison-Effekt», Patentanmeldung am 15. November; 9. August 1884: Edisons Frau stirbt an Typhus

1886	24. Februar: Zweite Ehe mit Mina Miller
1887	Umzug in das neue große Laboratorium in West Orange, New Jersey
1887–1890	Über 80 weitere Patente zur Verbesserung des Phonographen. Diktiergerät, abziehbare und wieder verwendbare Phonographenwalzen. Geburt der Tochter Madelaine. Entwicklung des elektrischen Stuhls. Gründung der «Edison General Electric». Auf der Pariser Weltausstellung erlebt Edison den Triumph seiner Glühbirne und seines Phonographen. Geburt des Sohnes Charles (1890)
1891	Erfindung der Kinofilm-Aufnahmekamera (Kinetograph). Erste Filmaufnahmen in West Orange
1891–1900	Eisenerzgewinnung aus niederprozentigem Gestein. Wirtschaftlicher Zusammenbruch der Erzmühlen Edisons nach Entdeckung hochwertiger Eisenvorkommen in Minnesota. 1892: Gründung der «General Electric Company» durch Fusion von Edison General Electric und der Thomson-Houston-Gesellschaft. Entwicklung des Fluoroskops mit Kalciumwolframat-Schicht zum Röntgenstrahlen-Nachweis. 1893: Das erste Filmstudio wird in West Orange errichtet. 1898: Geburt des Sohnes Theodore
1900–1910	Bau der Zementwerke in Stewartsville mit neuartigen Drehrohröfen. Fertighäuser aus Beton werden in wenigen Stunden gegossen. Edison entwickelt eine neuartige Alkali-Batterie (Eisen-Nickel-Akkumulator)
1910–1914	Verbesserung der Akustik des Phonographen; die Walze als Tonträger wird durch die (bekannte) Schallplatte ersetzt. 1912: Kombination von Filmkamera und Phonograph führt zum Tonfilm (Kinetophon)
1912	Edison sagt Henry Ford die Entwicklung eines Anlassers für das Ford Modell T zu
1913	Automatisches Korrektursystem für Diktiermaschinen
1914	Kombination von Telephon und Phonograph führt zum Telescribe-System: Telephongespräche werden aufgezeichnet. Edison errichtet in wenigen Wochen Fabriken zur Synthese von Phenol (Karbolsäure) aus Benzol, das er zur Schallplattenproduktion in großem Maßstab benötigt
1915	Bau von Fabriken zur Synthese von Anilin und para-Phenylendiamin in wenigen Wochen. 7. Oktober: Wahl zum Präsidenten des «Marine-Beratungsausschusses»
1916	Fabriken zur Synthese von Benzidin-Base und des Sulfats. Präsident Wilson ruft Edison zur Mitarbeit bei der Bekämpfung der U-Boot-Gefahr auf
1917–1918	Edison entwickelt mehrere Dutzend Abwehrmaßnahmen und -geräte gegen U-Boot-Angriffe
1926	Edison übergibt die Leitung der «T. A. Edison-Inc.»-Werke an seine Söhne Charles und Theodore
1927	Gründung der «Edison Botanic Research Company» zur Herstellung von Kautschuk und Gummi aus einheimischen Pflanzen (Goldrute)
1928	Edison erhält die «Special Congressional»-Medaille
1931	18. Oktober: Thomas Alva Edison stirbt als weltberühmter und reicher Mann

Zeugnisse

Robert A. Millikan
Edison allein gebührt das Verdienst, ersonnen und gezeigt zu haben, wie der sterbliche Mensch mit seiner lebendigen Stimme direkt zu allen nach ihm folgenden Generationen sprechen kann. Könnten wir heute Sokrates und Marcus Aurelius und Shakespeare und Newton und Franklin und Goethe und Faraday und Maxwell hören ... würden wir dann nicht eine neue Prometheus-Legende um diese Tat herum bilden, ähnlich derjenigen, in der das Feuer vom Himmel gestohlen und zu den Menschen herab. gebracht wird? Jener Mensch hat mit uns, in unserer Generation, auf der Erde gelebt und gearbeitet. Thomas A. Edison ist sein Name.

Aus «Edison as a Scientist», Science 75, 68, 69 (1932)

Henry Ford
Nicht einmal die Möglichkeit eines Mißerfolgs will er gelten lassen. Er ist des Glaubens, daß unabgelenkte, unablässige Arbeit alles vermag. Diese geniale Veranlagung für angestrengtes Arbeiten begeisterte mich schon als Jungen und machte Edison zu meinem Helden; und während all der Jahre unserer Bekanntschaft ist die Anziehungskraft immer stärker geworden, die bereits auf mich wirkte, als ich ihn noch gar nicht kennengelernt hatte ...

Seine Arbeit kann in zwei große Gruppen eingeteilt werden. Die eine betrifft seine unmittelbaren Leistungen als Erfinder, und hier handelt es sich um Geräte; die andere das Beispiel, das er gab, indem er Wissenschaft und Alltagsleben innig verknüpfte und bewies, daß bei beharrlicher und unablässiger Überprüfungs- und Experimentierarbeit schließlich jedes Problem zu bewältigen ist.

Aus: Mein Freund Edison. Leipzig–München 1947

Robert Conot
Dadurch, daß er sich mit praktischen und aktuellen Dingen beschäftigte, konnte er Leute für sich interessieren, deren Motiv der Profit war. Seine Kontakte, seine Fähigkeit, Geld zu beschaffen, die Auswertung der Fähigkeiten anderer Leute, sein Ehrgeiz, sein Ideenreichtum, seine Konzentrationsfähigkeit auf bestimmte Projekte – dies waren die Ingredienzien für seinen Erfolg. Es gab noch ein weiteres, vielleicht das wichtigste von allem: seine Beharrlichkeit.

Edison stieß eine Tür auf, durch die nicht nur er, sondern ein Heer von Wissenschaftlern und Erfindern eilten, um Entdeckung auf Entdeckung zu machen. Einhundert Jahre nach Menlo Park hat sich Edisons Vision eines von der Elektrizität angetriebenen Universums erfüllt. Stromausfälle bringen das Leben fast zum Stillstand. Es ist möglich, sich eine Welt ohne Autos, Flugzeuge und Erdgas vorzustellen, aber zu einem Zeitalter ohne Elektrizität zurückzukehren würde die Zivilisation lähmen.

Edison war ein wissenschaftlicher Entdecker, der in neue Kontinente vorstieß, obwohl die Meinung vorherrschte, daß keine existierten ...

Ein Kind der industriellen Revolution, während der viele auf der Strekke blieben, einige aber spektakulären Erfolg hatten, war er das Produkt einer einzigartigen Verbindung von Talent, Ehrgeiz und Gelegenheit. Es gab nie jemanden wie ihn zuvor. Und in den hundert Jahren seither hat sich die Welt so radikal geändert, daß es höchst unwahrscheinlich ist, daß es je wieder jemanden wie ihn geben wird.

Aus: A Streak of Luck. New York 1979

Byron M. Vanderbilt
Edison war einer der ersten, der die Bedeutung chemischer Kenntnisse für die industrielle Forschung und Entwicklung begriff. Zur Entwicklung der Glühbirne waren mehr chemisches «know-how» als Kenntnisse der Elektrizität und Elektroingenieurwissen erforderlich. Nachdem einmal das grundlegende Prinzip des Phonographen entdeckt war, waren von Edison und anderen Jahre harter Entwicklungsarbeit für die Zusammensetzung und Handhabung von Schallplattenmaterialien zu leisten – wieder ein chemisches Problem.

Aus: Thomas Edison, Chemist. American Chemical Society. Washington, D. C. 1971

Matthew Josephson
Edisons Größe bleibt unverändert, auch wenn wir seine Person von den sie umrankenden Mythen loslösen. Selbst seine Fehlunternehmungen – das haben wir inzwischen erfahren – wurden in großem Stil durchgeführt; und so begeistert er uns heute mehr, als wenn wir ihn, wie ihn die Legendendichter darzustellen pflegten, für unfehlbar hielten.

Andererseits bestehen heute noch bei vielen Naturwissenschaftlern irrige Ansichten über Edison, die vielleicht eine Reaktion auf die Heldenverehrung von gestern darstellen. Manche der modernen Wissenschaftler glauben ihn als einen Typ aus dem vergangenen Jahrhundert abtun zu können, der lediglich den Erfindungen den Weg bahnte ... Nach den genauen Aufzeichnungen über seine Forschungsarbeit zu urteilen, besaß er sehr wohl umfangreiche Kenntnisse wissenschaftlicher Gesetze und ungeheures Vertrauen in die Methode des wissenschaftlichen Experiments. Er war Autodidakt – aber das waren auch die meisten seiner berühmten Vorgänger wie z. B. Davy und Faraday.

Aber können wir tatsächlich auf den individuellen Erfinder verzichten, der ein Träumer und Mann der Tat zugleich ist? ... Die Techniker selbst äußern Befürchtungen, daß ... die bürokratischen Erfinder von heute zuweilen ihr intuitives Gespür und den Sinn für die einfachen Dinge einbüßten, die ein Edison besaß ...

Gerade das Einfache an seinen Erfindungen ist ein Zeichen für seine Größe. Eine solche Erfindungskraft kann nicht durch Massenproduktion, nicht in unseren Lehranstalten, nicht von wissenschaftlich geschulten Männern wiederholt werden. In Anbetracht der Entwicklung moderner wissenschaftlicher Arbeit wird Edison wohl bleiben, was er oft genannt worden ist: «einer der letzten großen Helden auf dem Gebiet der Erfindungen».

Aus: Thomas Alva Edison. Icking und München 1969

Time

Was trieb ihn zum Erfinden? Der Wunsch, Geld zu machen und persönlichen Ruhm zu gewinnen, natürlich. Aber sogar Edison sah, daß das nicht genug war. Einer seiner weniger bekannten Aussprüche zeigte den Weg nicht nur für Erfinder, sondern für alle jene, die mit dem Gehirn arbeiten ...: «Wer sich nicht dazu entschließt, die Gewohnheit des Denkens zu kultivieren, verpaßt die größten Vergnügungen im Leben.» Ein höchst unorthodoxer und in vieler Hinsicht unattraktiver Denker, vervielfachte Edison nichtsdestoweniger die angenehmen Seiten des Lebens für jedermann, der eine Schallplatte hört, einen Film sieht oder einen Lichtschalter betätigt.

Aus: Time, 22. Oktober 1979, S. 52f

Bibliographie

1. Von Edison verfaßte Schriften

Tagebücher und Labornotizen («Laboratory Notebooks» und «pocket notebooks») befinden sich in den Archiven von «Edison National Historic Site», West Orange, New Jersey, USA

Erstere wurden von D. D. Runes herausgegeben: «The Diary and Sundry Observations of Thomas A. Edison», New York 1948.

1908 diktierte Edison Erinnerungen aus seinem Leben für die Biographie von Dyer, Martin und Meadowcroft (s. u.): «Mr. Edison's Notes for W. H. Meadowcroft». Das Manuskript befindet sich in den «Edison Laboratory National Monument Archives».

Edison, T. A.: «The Phonograph and Its Future». North American Review, Juni 1878

Edison, T. A.: Proc. Amer. Assoc. Advan. Sci. 1879, 173–177

Edison, T. A.:Scientific American 41, 216 (1879)

Edison, T. A.: «The Motion Picture». Century Magazine, Juni 1894

Edison, T. A.: «My Forty Years of Litigation». Literary Digest, 13. Sept. 1913

2. Biographien

McClure, J. B.: Thomas A. Edison and his Inventions. Chicago 1879

Dickson, W. K. L. und Dickson, L.: The Life and Inventions of Thomas A. Edison. London 1894

Lathrop, G. P.: Talks with Edison. Harpers Magazine 1919

Martin, Thomas C.: Forty Years of Edison Service. 1922

Bryan, George S.: Edison: The Man and His Work. New York 1926

Holland, M.: Edison's Organization Method. Denkschrift, National Research Council, New York, April 1927

Dyer, F. L., Martin, T. C., und Meadowcroft, W. H.: Edison, His Life and Inventions. New York 1929

Ford, Henry: Edison As I Knew Him. New York 1930

Jones, F. A.: The Life Story of Thomas Alva Edison. New York 1931

Jewett, F. B.: «Edison's Contributions to Science and Industry». Science 75, 67 (15. Januar) 1932

MILLIKAN, R. A.: «Edison as a Scientist». Science 75, 69 (15. Januar) 1932
ROSANOFF, M. A.: «Edison in His Laboratory». Harpers Magazine Sept. 1932
NERNEY, M. C.: Edison, Modern Olympian. New York 1934
SIMONDS, WILLIAM A.: Edison: His Life, His Work, His Genius. New York 1934
JEHL, FRANCIS: Menlo Park Reminiscences. 3 Bände. The Edison Institute, Dearborn, Michigan 1934–1941
TATE, ALFRED O.: Edison's Open Door. New York 1938
MILLER, FRANCIS T.: Thomas A. Edison: An Inspiring Story for Boys. Chicago 1940
RUNES, D. D. (Hg.): The Diary and Sundry Observations of Thomas Alva Edison. New York 1948
GELATT, ROLAND: The Fabulous Phonograph. New York 1955
EDISON OSER, MARION: Early Recollections, März 1956
NORTH, STERLING: Young Thomas Edison. Boston 1958
JOSEPHSON, MATTHEW: Edison, A Biography. New York 1959
READ, OLIVER und WELCH, WALTER L.: From Tin Filo to Stereo. Indianapolis 1959
HENDRICKS, GORDON: The Edison Motion Picture Myth. Berkeley 1961
LEWIS, FLOYD E.: The Incandescent Light. New York 1961
HENDRICKS, GORDON: The Kinetoscope: America's First Commercially Successful Motion Picture Exhibitor. New York 1966
JOSEPHSON, MATTHEW: Thomas Alva Edison. Icking und München 1969
VANDERBILT, BYRON M.: Thomas Edison, Chemist. American Chemical Society, Washington D. C. 1971
DAVIDSON, GEORGE E.: Beehives of Invention. National Park Service History Series, Department of the Interior, Washington D. C. 1973
CONOT, ROBERT: A Streak of Luck. New York 1979

3. Patente Edisons

Edison hat insgesamt 1093 Patente erhalten, die zum Teil in mehreren Ländern angemeldet wurden und sich wie folgt verteilen: Telegraph 150, Elektrischer Schreibstift und Mimeograph 5, Telephon 34, Phonograph 195, Elektrisches Licht und Elektrizität 389, Elektrische Eisenbahn 25, Erztrennung 62, Zement 40, Filmgeräte 9, Batterie 141, Automobil 8, verschiedenes 35, darunter 3 zur Schreibmaschine, 3 für Chemikalien, 2 zum Radio, 1 über Gummi.

Die amerikanischen Patente sind (mit Titel und Datum) aufgeführt in F. L. DYER, TH. C. MARTIN, W. H. MEADOWCROFT: «Edison, His Life and Inventions». Harper & Brothers Publ., New York, London 1929

Namenregister

Die kursiv gesetzten Zahlen bezeichnen die Abbildungen

Über den Autor

Fritz Vögtle, 1939 in Ehingen/Donau geboren, Studium in Freiburg (Chemie) und Heidelberg (Chemie und Medizin), Dissertation (1965) und Habilitation (1969) in Heidelberg (Organische Chemie). 1970 Professor an der Universität Würzburg. 1975 ordentlicher Professor und Direktor am Institut für Organische Chemie und Biochemie der Universität Bonn. Zahlreiche Vorträge und Veröffentlichungen im In- und Ausland. In- und Auslandspatente auf verschiedenen chemischen und technischen Gebieten. Das Interesse für Technik geht auf die Autowerkstatt seines Vaters zurück, die jener zu einem Apparatebau-Betrieb ausweitete, in dem ausschließlich eigene Erfindungen produziert wurden.

Quellennachweis der Abbildungen

Edison Institute Henry Ford Museum, Dearborn, Michigan, USA: 17, 24, 32, 81
Charles Edison Fund, East Orange, New Jersey, USA: 63
Alle übrigen Vorlagen wurden uns vom Edison National Park Service, East Orange, New Jersey, zur Verfügung gestellt.